『分析哲学 これからとこれまで』
正誤表（第1刷）

以下の誤りがございました。
お詫びして、訂正させていただきます。

vi ページ 2 行目
「水声社」 → 「春秋社」

183 ページ 2 行目
「水声社」 → 「春秋社」

（2020 年 5 月 27 日）

分析哲学これからとこれまで

飯田隆

keiso shobo

まえがき

ここに集めたのは、主にこの二十年ほどのあいだに書いた、紹介や解説といった性格をもつ文章である。本文でも何度か繰り返しているように、私は自分がしているのはただの哲学だと思っているが、日本でそれは、ただの哲学ではなく、「分析哲学」と呼ばれる特殊な種類の哲学だと一般に思われているようである。紹介や解説が必要なのも、たぶん、そのせいだろう。求められるたびに引き受けていたら、いつのまにかこんなに溜まってしまった。

紹介あるいは解説であるから、哲学として新しい話はほとんどない。それだけだと退屈するひともいるかもしれないから、必ずしも紹介と解説に徹しているのではない文章も入れておいた。私としては、第8章と第15章とがそのつもりの章である。

本書は、序論と四つのパートから成る。最初のパート「分析哲学とは何か？」については説明は要らないだろう。第1章以外の三つの章は、同じ雑誌（『現代思想』）から、分析哲学について書いてほしいという依頼に応じて、異なる年に書いたものである。重なっている部分もあるが、それぞれ違った角度からのものになっていると思いたい。

第二のパート「フレーゲとウィトゲンシュタイン」に集めた文章はどれも、哲学史風にフレーゲとウィトゲンシュタインを解説するものではなく、むしろ、この二人の哲学者が現在の哲学シーンのなかで、どんな役割を果たしているかを紹介するものである。ごく簡単に言えば、フレーゲが現在の哲学の専門化の源泉であるのに対して、ウィトゲンシュタインは、その徹底した批判者として現れる。ウィトゲンシュタインの言い分にももっともな点はあると考えるが、私は、基本的にはフレーゲの側に立つ。

第三のパート「真理・様相・意味」には、言語哲学あるいは哲学的論理学で扱われる概念にかかわる文章を集めた。現在の哲学のなかでの言語哲学の位置は、かつてほど中心的なものではない。それでも、そこで扱う概念が哲学全般にとって基本的なものであるという認識に変わりはない。第16章は、拙著『規則と意味のパラドックス』(二〇一六年、ちくま学芸文庫)の書評に対する返答の形を取っているが、拙著の解説であるだけでなく、もとの本自体もクリプキの議論の解説であるので、本書に収めることにした。

最後のパート「日本における分析哲学」は、第一のパートと同様、この表題がすべてを語っている。ここに収めた文章が、哲学史的研究とも言えない、きわめて貧弱なものでしかないことは承知している。それにもかかわらず、わざわざこのパートを設けて、これらの文章を再録したのは、この百五十年の日本の哲学についての研究が、もっぱら京都学派中心で、分析哲学と限らず、第二次大戦後の七十五年間については、まだほとんど手が付けられていないのは異様だと日頃感じているためである。

序論は、そう銘打ってはいるが、最初に読む必要はない。それを言えば、本書の各章についても、どんな順番で読んでもらってもかまわない。もともと独立に読めるように書いたものを集めたのだから、当たり前である。したがって、互いに重複するところはあるが、あえてそのままにしている。

では、なぜこうしてまとめる必要があるのかと聞かれるだろう。ひとつは、こうしてまとめてみると、互いに共通する主題やモチーフのあることが見えてくることである。パートに分けたのは、そのことを見やすくするためであるが、異なるパートに属する文章のあいだにもさまざまな関連がある。それを探るには、巻末の索引をぜひ活用していただきたい。もうひとつは、こうした本をまとめるとき強くはたらく動機である。すなわち、異なる時に、互いにかけ離れた場所に発表されて、いまとなっては見つけるのがむずかしくなっている文章に、もう一度読まれる機会を与えたいということである。

目次

Ⅳ 日本における分析哲学

序論　哲学の未来のために

哲学の未来とは分析哲学の未来のことであり、その逆に、
分析哲学の未来とは哲学の未来のことである。
——ある友人の言葉

もともとこの「序論」は、本書の四つのパートを紹介するはずのものだった。しかし、自分の書いたものの紹介というのは、すでに一度考えて書いたことを再び繰り返すことを含む。これは私の苦手とするところである。しかし、そうだからといって、前に書いたことと違うことを書いたのでは、それでなくともこの本全体にどれだけの一貫性があるのか怪しいのに、それをはっきり崩すことになりかねない。というわけで、どうにも書きあぐねていたところ、むしろ書かなかったことについて書いたらどうかという考えが浮かんだ。そこで、本の序論としては、あまりないことだろうが、以下では、本書で話題になってもよかったのに、まったく取り上げなかったり、不十分にしか扱えなかった事柄について論じることにしたい。

取り上げる話題は、三つである。最初の二つは、哲学の歴史を通じて常に問題となってきたことが、

哲学の現代的段階である（と私が思う）分析哲学においてはどうなっているかにかかわる。それは、哲学と文学の関係、および、哲学とその過去のあいだの関係である。三つ目は、ごく最近になって始まったにもかかわらず急速に進行している事態、すなわち、情報環境の変化と、それに伴って生じつつある、表現と伝達のための媒体における変化が、哲学のあり方に及ぼす影響である。

1　分析哲学と文学

分析哲学の特徴のひとつに、科学との親和性ということが挙げられることが多い。このスタイルの哲学の起源に、一九世紀後半の数学や物理学の基礎についての、科学者自身による考察があったことから始まって、二〇世紀末からの「自然化」による、哲学の各分野と、それに関連する個別科学との融合に至るまで、これはたしかに正しい。

だが、分析哲学が、ある特定の分野に関する哲学であることをやめて、哲学が本来もつべき広がりを備えるようになった現在、科学が扱うような事柄だけがこのスタイルの哲学に適していると考えるのは間違いである。

たとえば、文学である。映画の分析哲学（本書第2章参照）があるように、文学の分析哲学というものもある。このどちらも、「分析美学」の一分野を形成する。一九七七年に創刊された『哲学と文学 *Philosophy and Literature*』は、必ずしも分析哲学のスタイルの論文しか掲載されていないわけではないが、この分野を代表する雑誌である。そこで扱う主題として挙げられているのは、「文学の美学、批評理論、文学作品の哲学的解釈、哲学作品の文学的考察」となっている。これは、文学の分析哲学の問題を整理したものと考えることができる。以下、ここに挙がっている順で見て行こう。

まず、第一に挙がっている「文学の美学」[1]の中心主題は、文学とは何か、つまり、文学はどのように特徴づけられるかという問いである。この問いに答えるためには、文学作品に特有の言語的特徴はあるのか、文学を成り立たせる制度とは何か、ある特定の文学作品を価値あるものとするのは何か、ひいては、文学一般の価値とは何かといった問いを考察する必要がある[2]。

文学作品に特有の言語的特徴として、しばしば挙げられるのは、それが虚構（フィクション）として意図されているということである[3]。虚構として提出されるという特徴をもつものは、言語作品以外にもたくさんある。映画[4]、テレビドラマ、ストーリーをもつ漫画やアニメーションなどが、すぐに思い浮かぶ。しかし、これらは、言語だけから構成されているという意味での言語作品ではないから、文学作品から区別することができる。

もっと問題なのは、文学作品とみなされているもののなかには、虚構として提出されていないものもあると思われることである。たとえば、中国の伝統では、詩は、架空の情景や感情を表現するものではなく、実際に経験された情景や抱かれた感情を表現するものとされたという。和歌のなかには、架空の情景を描いたり、何らかの思いを架空の人物に託して表現したものもあるが、むしろ架空の要素を含まないものの方が多いのではないだろうか。

こうした「反例」に対して、作者がその作品を虚構とみなしたかどうかではなく、受け取り手がそれを虚構として受け取ることに価値を見出せるかどうかが問題であると答えることが考えられる。たとえ

ば、

国破山河在
城春草木深

と始まる、誰もが知っている杜甫の詩を、唐時代の中国に生きたある人物が、ある特定の状況で実際に抱いた感情の報告だと考えてよいだろうか。そうすることは、この詩が、まったく異なる時代に異なる状況のもとに暮らす人々にも感動を与えることを説明できない。そうしたことが可能であるのは、ここで描かれているような感情を杜甫が実際にもったかどうかとも、そうした感情を生み出した状況が現実のものか架空のものかとも独立に内容をもつものとして、この詩が受け取られているからだろう。それは、この詩を虚構として受け取るということとは違うが、虚構であっても、その価値を失わないものとして受け取ることである。

しかし、詩についてはこうした反論が可能かもしれないが、詩でも小説でもないにもかかわらず、すぐれた文学作品と認められているものがあるではないかと言われるだろう。たとえば、モンテーニュの『エセー』はどうか、『枕草子』は文学ではないのか、といった具合である。

しかし、この調子で続けているわけには行かない。分析哲学が得意な概念的探究の必要性がここに存在することを確認して、先を急ごう。ただ、ここでひとつだけ指摘しておきたいのは、虚構（フィクション）の概念は、美学のなかで取り上げられる前に、一九七〇年代の言語哲学のなかで議論されていたことである。虚構が、われわれの言語生活の本質的な一部である以上、このことに不思議はない。代表的なのは、デイヴィッド・ルイスの一九七七年の論文「フィクションにおける真理」(5)と、クリプキの一九七三年のジョン・ロック講演『指示と存在』である。(6)言語哲学上のこうした議論を具体化するものとして文学の美学は役に立つだけでなく、逆に、文学の美学が虚構一般についての理論に貢献することも明らかだろう。

このように哲学の異なる分野がお互いどうし貢献しあうということは、哲学の歴史を通じてしばしばあったことであるが、最近の分析哲学における専門化の傾向が必ずしも悪いことばかりではないことの証拠ともなる。というのは、専門化を通じて、それぞれの分野における問題が明確化されることによって、異なる分野の問題のあいだの関係もまた明確になるからである。もうひとつ例を挙げれば、制度という観点から文学を考えるとき、文学作品は社会的存在となる。ここで当然関連するのは、人工物の存在論、とくに「社会存在論」と呼ばれる制度的存在についての存在論であるが、これを一方的に文学の場合に適用するのではなく、文学の場合を考慮することによって、存在論にとっての新しい課題や洞察が得られるということは、おおいにありそうなことである。

最近の分析哲学のもうひとつの傾向は、この節のはじめでも述べたように、哲学の分野とそれに関連する個別科学との融合であるが、同様のことは、文学の哲学に関してもあてはまる。ただし、この場合の「個別科学」とは、「文芸批評 literary criticism」という名称のもとに包摂されるさまざまな理論的研究である。『哲学と文学』が扱う主題として第二に挙がっている「批評理論」は、まさにこの部分にあたる。そこには、一方で、ナラティブ、ジャンル、メタファー、影響関係、正典(カノン)といった概念の検討、他方で、マルクス主義、精神分析、フェミニズム、ポストコロニアリズムといった観点からの理論の評価が含まれることになる。こうした分野では、分析哲学者の出る幕はないと思われるかもしれないが、たとえば『哲学と文学』の各号の目次を一瞥するだけで、その間違いを知るのに十分である。

しかし、この雑誌に掲載された論文と限らず、文学の分析哲学において、たぶんもっとも数が多いのは、先の分類中の第三のもの、つまり、文学作品の哲学的解釈に関するものだろう。特定の文学作品が、特定の哲学作品なり、ある一般的な哲学的傾向からの影響を受けていることを示すような研究は、この際除こう。その結果残るもののなかには、文学作品を用いて、すでによく知られている哲学的問題や哲学的主張の「絵解き」をしているようなものもある。こうした論文は、教育的には役に立つかもしれないが、哲学にとって何も新しいものを付け加えないだけでなく、文学作品をよりよく理解する助けにもならないだろう。これよりずっとましなのは、文学作品から出発して哲学的考察を行うものである。

こうした考察が、哲学のなかでも、倫理学の領域に属することが多いのは、偶然ではない。それは、倫理学が、人や人の行為の評価ということに本質的にかかわるからである。倫理的な評価の対象となるのは常に、ある特定の歴史をもった特定の人や、ある特定の状況における特定の行為である。評価が正当であるためには、その評価がその特定の人や特定の行為だけにあてはまるものではなく、その特定の人や行為とある共通性をもつ人や行為一般にあてはまるものでなければならない。しかし、これが、評価される人や行為の具体性を見失わせることがあってはならない。倫理的考察に必要な、具体的なものにおいて一般的なものを見ることとの実践にもっとも役立つのは、小説のような文学作品を始めとする虚構作品である。現実に生じた出来事を取り上げるよりも、虚構を助けにする方が有利である理由がある。

つまり、よくできた虚構作品は、しばしば、現実の出来事の記録よりも生き生きと、具体的な状況とそのなかでの個人を描き出す力がある。しかし、この状況も、そこに現れる登場人物も、虚構であるゆえに、特定の時と所でのことでもなければ、特定の誰かでもない。ということは、いつどこであったことでもよければ、誰であってもよいということである。これこそ、具体的なものにおいて一般的なものを見ることだろう(7)。

もちろん、虚構作品を手掛かりに哲学的考察を行うということは、分析的なスタイルの哲学の専売特許ではない(8)。ここで強調したいのはむしろ、分析哲学が小説や映画の分析とは無縁のものだという未だにしつこくもたれている観念が、いかに間違っているかということである。

文学作品から出発する哲学的考察のなかでも、もっとも成功していると私に思われるのは、文学作品そのものを哲学的考察のひとつの形とみなして、その考察を引き継ごうとするものである。カヴェル(本書第10章)のシェイクスピア論やソロー論、また、これは文学作品ではないが、主にハリウッド映画を取り上げた数多くの映画論が、その先駆的な例である。カヴェルを「分析哲学者」と呼ぶのはためらわれるとしても、ウィトゲンシュタインと同様、かれを「分析的伝統」に属する哲学者とみなすことは許されるだろう(9)。

日本の「分析哲学者」に望まれるのは、日本の文学を対象とした哲学的考察である。その対象は、ヨーロッパ起源の文学概念が入ってきた後のいわゆる近代文学に属する作品に限る必要はない。むしろ、それ以前の作品を対象とする方が、得られることは大きいに違いない。『源氏物語』は当然取り上げられるべきだし(10)、他にも、『枕草子』や『徒然草』といった作品、『古今集』や『新古今集』を中心とする和歌、芭蕉に代表される俳諧、あるいは、能楽や浄瑠璃や歌舞伎といった演劇もまた、考察の対象となりうる。こうした研究はすでに取り掛かられているのかもしれないが、もしそうだとしても、そのことを見にくくしている事情がある。ひとつは、哲学と文学研究という異なる分野間の垣根であり、もうひとつは、西洋以外の哲学を「哲学」ではなく「思想」と呼び、さらに、非西洋の哲学を扱うのは、大学の専攻名では「哲学」ではなく「倫理学」であるとする、不可解な分類が根強く残っていることである。こうした障害を越えて、この課題に挑戦するひとが出てくることを望みたい。

さて、文学の哲学を形作る問題群のうち、最後に来るのは、「哲学作品の文学的考察」である。哲学がその歴史を通じて密接な関係にあったのは、科学だけではない。文学との関係もまた、哲学にとって重要であった。科学がもともと哲学の一部であったのとは逆に、哲学は広い意味での文学の一部とみなされてきた。だが、文学を狭い意味で取るならば、つまり、詩と小説を中心的なジャンルとするものと考えるならば、哲学は、この意味での文学とは区別されるもの、プラトンの場合のように、ときには文学と敵対するものとも考えられた。とはいえ、哲学と科学との境界がときには明確に引けないように、プラトンの対話篇を始めとして、キルケゴールやニーチェの作品のように、狭い意味での文学と哲学とのどちらに属するのかはっきり言えないような作品も存在する。

哲学は、そのときどきの歴史に応じて、その内容を盛るのにふさわしい形式を探求してきた。その結果として生み出されたのは、その内容と形式とが一体となったいくつかの作品である。プラトンのさまざまな対話篇、デカルトの『省察』、ヒュームの『人間本性論』、カントの『純粋理性批判』などが、そうした作品である。こうした作品を、文芸批評で用いられる概念を用いて分析したり、さまざまな観点から評価することは有益である。たとえば、『省察』における一人称による語りの哲学的意味といったことを考えたり、『純粋理性批判』というテキストの構成とカントにおける「体系」の意味の関係を考えたりといったことである。

科学者や科学的志向をもった哲学者によって始められたスタイルの哲学にその源をもつ分析哲学においては、かつてあったような、文学との親密な関係はもはや存在しないと思われるかもしれない。その証拠に、分析哲学のスタイルにふさわしい形式とは、比較的短い分量で明確な論点を提示する専門的論文であると一般に考えられている。たとえば、本書第4章でも触れる「ゲティア問題」の出発点となったゲティアの論文は、わずか三頁から成る論文である。[11] こうした論文をよしとする考えの背後には、自然科学での成果発表の形式にならおうという意図があるだけでなく、「およそ語りうることは、明瞭に語りうる」という『論理哲学論考』の序文の一節がある。

それにもかかわらず、『論理哲学論考』ほど、このモットーを裏切っている例は珍しい。その理由は、それが「語りうること」について語っているのではないからなのかもしれない。だが、それにしても、ウィトゲンシュタインは、その生涯を通じて、分析哲学の標準的スタイルと一般にみなされているような書き方を一度もしなかった。それはたぶん、かれの思考のあり方がそうした書き方を許さなかったからだろう。みずからの思考のあり方に忠実な形式を探してかれが行き着いた『哲学探究』は、その序文によれば、哲学探究の旅の途上で生まれたスケッチから成る「一冊のアルバム」である。[12]『哲学探究』のような作品は、哲学でありながら、そのジャンルをあてがうことはむずかしいにしても、狭い意味での文学にも属すると考えたくなる。

ウィトゲンシュタインのように極端な例は少ないが、また、先にも述べたように、ウィトゲンシュタインは、「分析哲学者」とは呼べないとしても、分析哲学者の書くものがすべて科学論文風のものであるわけではない。たしかに専門的な哲学雑誌に載る論文の多くは、「素人」には歯が立たないだろうが、哲学の専門的教育を受けていなくとも、議論について行くだけの根気をもつ人ならば理解でき、しかも、一個の「作品」と呼ぶにふさわしい書物もまた分析的伝統は生み出してきた。いくつか例を挙げれば、ライルの『心の概念』(一九四九年)、ストローソンの『個体と主語』(一九五九年)、クワインの『ことばと対象』(一九六〇年)、ロールズの『正義論』(一九七一年)、クリプキの『名指しと必然性』(一九八〇年)、パトナムの『理性・真理・歴史』(一九八一年)、マクダウェルの『心と世界』(一九九四年)といったものがすぐに思い浮かぶ。わが国のものということになると、数はぐっと減るが、ここでは、大森荘蔵の『物と心』(一九七六年)、永井均の『〈こども〉のための哲学』(一九九六年)、それに、野矢茂樹の『無限論の教室』(一九九八年)を挙げておこう。

いま挙げたものはすべて、その内容だけでなく、形式に関しても周到な配慮がなされた作品である。つまり、分析哲学が生み出したものは、一般に考えられているほど無味乾燥で単調なスタイルで書かれているわけではない。しかも、大きな影響を及ぼしたものほど、作者の個性が深く刻まれた独創的なスタイルをもっている。分析哲学と限らず、学会誌に受け入れられるような論文を書かなければならないという圧力は、独創的なスタイルで論文を書こうという意欲をそいでいる。哲学の著書や論文もまた「作品」として評価されるべきだという観念が広まれば、より多様なスタイルで哲学がなされることになろう。分析哲学もまた、スタイルの多様性を許すだけでなく、むしろそれが常態であったということは、いま挙げたような作品を見るならば、その正しさに頷けるだろう。

2　分析哲学史は何のために

前世紀末から、分析哲学の歴史が研究主題として取り上げられることが頻繁となってきた。ある分析哲学者がインタビューのなかで、分析哲学の論文とみなされている最近の論文の大半は、実際のところ哲学史の論文だと言っているのを目にしたことがある。優れた哲学史の論文ならば優れた哲学を含んでいるはずだと、そのとき思ったが、同時に、優れた哲学があるのならば、それを何も過去の他人の哲学の検討という形で提示する必要はないだろうと思ったことも覚えている。

しかし、分析哲学史の隆盛は、何も分析哲学にも百年以上の歴史があることに人々が気付いたから生じたわけではないだろう。多くのひとがすでに指摘していることだが、大きな原因は、「分析哲学」という名前で指されるものが何であるかがわからなくなってきたことにある。「分析哲学者」と言う代わりに、「分析的伝統に属する哲学者」と言うのも、このことの現れである。カヴェルが、分析的伝統に属する哲学者である根拠は、かれが第二次大戦後のハーバート大学で学び、そこでオックスフォードから講義をしに来ていたオースティンに出会い圧倒的な影響を受けたこと、また、ウィトゲンシュタインの『哲学探究』を自身にとっての「哲学の現在」とみなしていたといった事柄に求められる。そのウィトゲンシュタインに関しても、かれが分析哲学者として扱われていたのは、かれが第一次大戦前のケンブリッジでラッセルに学び、フレーゲとラッセルの影響のもとに『論理哲学論考』を書いたこと、さらに、一九二九年に再びケンブリッジに戻り、そこでの講義を通じて弟子たちに圧倒的な影響を与えたこと、死後に出版された『哲学探究』が一九五〇年代の分析哲学で大きな影響力をもったといった事柄のせいである。カヴェルにしても、ウィトゲンシュタインにしても、その哲学の内容によって、かれらは分析哲学の側に入れられたわけではない。

このように誰が、分析哲学側に入るかどうかは、どこで教育を受けたのかとか、誰に影響を受けたのかといった事柄で決まるのが通例である。これに加えて、「分析哲学」が、英米のアカデミズムの哲学でのデフォルトとなって久しい現状がある。これでは、英米の大学で教育を受けた哲学者のほとんどが分析哲学の側に属することになっても不思議はない。こうした哲学者にとって、哲学とは分析哲学のことである。

考えてみれば、「哲学に関する主張や問いの大部分は間違っているのではなくてナンセンスである」(四・〇〇三)と言う『論理哲学論考』からほぼ百年、いわゆる日常言語学派の哲学者の放送講演を集めた小冊子が『哲学の革命』というタイトルで出版され[13]てからでも六十年以上経っている今日、分析哲学は、哲学の世界において「革命的な」勢力であることはとうの昔にやめて、いまや「エスタブリッシュメント」以外の何ものでもない。

分析哲学が哲学の全域を覆うようになれば、分析哲学もまた哲学のあらゆる主題を扱うことになる。映画の哲学や文学の哲学でさえ、分析美学の一分野として、分析哲学の主題となっている。異なる主題には、過去の異なる伝統が結び付いているから、分析哲学もまた、さまざまな伝統と関係する。こうして分析哲学はますます多様化していくことになる。「分析哲学」の輪郭がはっきりしなくなったということは、少なくとも英語圏においては、それが支配的な哲学となったことに等しい。現在の分析哲学が何であるかという問いに答えるのがむずかしいのは、哲学とは何であるかという問いに答えるのがむずかしいということに他ならない。

この当然の帰結は、分析哲学史と限らず、哲学史全般が、現在の哲学、すなわち広い意味での「分析哲学」のなかで標準となっている分析道具や概念的区別を用いて研究されるということである。もちろん、これが、過去の哲学を「現代的」な観点から断罪することになっては、まったく意味がない。現代的な装置の使用は、過去の哲学者にとっては自明であったために明示されなかった前提や論理的関係を取り出すことによって、過去の哲学をよりよく理解し、場合によっては、歴史のなかで受け継がれずに埋もれてしまった洞察を回復したり、現在のわれわれとは大きく異なる前提のもとでの思考の可能性を知るためのものでなければならない。

分析的手法はまず、古代ギリシア哲学に導入され、続いて、デカルトからカントに至る近世ヨーロッパ哲学に用いられた。分析的手法が哲学史の全体に一挙に及ぼされたわけでないことは、この手法が向いている哲学と向いていない哲学があることの現れ、すなわち、この手法の限界と初めは考えられた。ところが、今世紀に入ってから次第に明瞭になってきたことは、「分析哲学」という概念そのものの拡大と多様化とともに、分析哲学的な哲学史研究の範囲も拡大しつつあるという事実である。こうして、以前は、分析哲学の対極に位置すると考えられたヘーゲルやニーチェの哲学でさえ、いまや立派な研究対象となっている。ひょっとすると現在、ヘーゲルにしてもニーチェにしても、それぞれの哲学についてのもっとも興味深い仕事は、分析哲学の伝統のなかでのものかもしれない。こうした哲学史研究の最大の強みは、過去の哲学が、現在でも真剣な哲学的検討の対象に値するものであることを明らかにできる点にある。

こうして論理実証主義の盛期には、まったく無価値のものとされていた過去の哲学の多くが、いま進行中の議論に寄与できる可能性をもったものとしてよみがえってきている。これは、哲学史研究が哲学でもありうることを示している。ヨーロッパ以外の土地の哲学については、まだあまり手が付けられていないが、分析的手法はここでも大きな役に立つに違いない。それによって、たとえば、明治以前の日本における哲学的努力を正当に哲学として評価することが可能になるだろう。そのためにも、「哲学」をヨーロッパの哲学に限定する明治以来の見方は捨て去らなければならない。

哲学史が新しく見直されることによって、分析哲学の誕生を促した背景についても多くのことがわかってきた。ラッセルとムーアと、二〇世紀の初めにかれらが標的としたイギリスのヘーゲル主義者との関係、一九二〇年代の論理実証主義と、一九世紀後半からの新カント主義との関係などが洗い直されることで、分析哲学の創始者たちと、かれらが影響を受けた哲学的潮流のあいだで、何が新しく、何が共有されていたかを見極めることが可能となった。たとえば、クワインは、論理実証主義を経験論の一段階と特徴づけたが、いまではこれが完全な誤りであることが明らかになっている。この運動の中心にいた哲学者たち、すなわち、シュリック、カルナップ、ライヘンバッハはいずれも、新カント派に属する哲学者としてその哲学的経歴を始めている。有名なカルナップの『世界の論理的構築』(一九二八年)にしても、ヒューム流の現象主義を擁護するものではなく、むしろ新カント派のカッシーラーの『実体概念と関係概念』(一九一〇年)と共通する立場から書かれたものであり、これはシュリックやライヘンバッハも共有していた立場である。この立場からの脱却を促したものが何であるかを突き止めることは、分析哲学的伝統とは何であるかという問いに答えるための大きな手掛かりを与えてくれるだろう(14)。

よって、分析的伝統のもとで仕事をしている哲学者にとって、分析哲学史とは、過去のある時代の哲学を研究することであるというよりは、自分自身が哲学の営みのなかで用いている概念や、当然成り立つとしている前提の来歴を探ることである。

日本で分析的伝統のもとで仕事をしている哲学者にとっても、このことは正しい。しかし、大きく違うのは、日本の場合、他から「分析哲学をやっている」と呼ばれるこうした哲学者は、自身の哲学が哲学のさまざまな流派のなかのひとつのスタイルにすぎないという意識から逃れられないことである。これは、その哲学者が、他の流派のスタイルを哲学として価値あるものと認めていないとしても、また、それゆえ、自身の哲学にわざわざ「分析的」というようなレッテルを貼る必要はないと考えているとしても、そうである。まわりが、そのことを意識しないではいられないようにしてくれる。

これはもちろん、日本では哲学がデフォルトで分析哲学であるようにはなっていないからであるが、日本における哲学の一般的なあり方にも原因がある。「哲学」がもっぱら西洋の哲学を指すことに現れているように、哲学とは西洋のものであって、われわれはそれを「学ぶ」のだという明治以来の感覚はまだ根強く残っている。哲学のような広大な領域の全体を手っ取り早く学ぶための効率のよいやり方とは何だろうか。分類するというのがそうだと思われたに違いない。西洋の哲学はまず、古代、中世、近代、現代といったように、時代ごとに分類され、次に、それぞれの時代の代表的な哲学者が、独断論と懐疑論、実在論と唯名論、合理論と経験論といった具合に流派に分けられる(15)。哲学を研究するとは、このような分類のなかのどこかに位置する哲学者の著作を、もとの言語で読むことから始まる（それで終わる場合も多い）。日本における哲学研究が長いこと、ヨーロッパのいくつかの言語の習得を絶対的な必要条件としてきた理由がここにある。

同様の思考法は、同時代の哲学に対しても取られる。存在論や認識論といったどの分野で仕事をしているかではなく、どのような「主義」あるいは「学派」に属しているかによって、哲学者を分類するというやり方である。一九七〇年代まで「現代哲学概説」といった企画が立てられるとき、その章立ては、「マルクス主義、現象学、実存主義、構造主義、分析哲学、プラグマティズム」といったものになるのが通例だった。これが最近だと、異なる学派のあいだの派生関係や影響関係などを矢印で示した「マップ」で図解されることになるが、学派への分類が幅を利かしていることに変わりはない。

こうした思考法は、哲学をする人のものではなく、哲学を鑑賞する人（本書第1章）のものである。私の見聞きした範囲で言うので、どれだけあたっているのか自信があるわけではないが、日本において哲学の研究はしばしば鑑賞を超えるものではなかったと思われる。実は「分析哲学」でさえ、この例外ではないと思わせる材料に事欠かない。

いまではもう、あまりいないと思いたいが、かつては「分析哲学を勉強しています」と自分から言うようなひとが結構いた。哲学が過去のえらい哲学者について研究するものだという、ひと昔（それとも、ふた昔？）前の通念が一般にもたれているために、何を研究しているかとひとから聞かれて苦しまぎれに、こう答えるのならば許せる。しかし、そうではなく、本気でこう答えるひとには、どう言えばよいのだろうか。こういうひとにとって、哲学とは他人事でしかないのだろう。

また、哲学の学会で出会う「分析系」の発表や論文のなかにはいまでもなお、「海外の」最新の論文を読んで書いたレポートのようなものがみられる。四十年前ぐらいまでは、海外の文献を探すといっても、それほど簡単ではなかった。それがいまでは、自分の部屋でキーボードを叩くだけで、ごく簡単に必要な情報が手に入る。これでは、自分で考えたり、まわりのひとと議論したりするよりも、インターネットを通じて、できるだけ多くの最新の情報を取り入れる方が手っ取り早いと考えるひとが出てくるのも無理はない。そうしたひとが、「分析哲学を勉強する」といった意識でそうしているのならば、なおさらである。そうしたひとの発表や論文の特徴は、自身の立場が明瞭でないことである。海外の著者の比較的新しい論文や本にある議論を紹介して、最後に付け足しのようにして、いくつかの問題点を指摘して終わるのが典型的である。しかも、そうした問題を自分がどう解決するかについて述べることもしない。

そうしたものにもうひとつ共通してみられる特徴は、そこで参照されている文献のなかに日本のものがほとんどないことである。日本の分析哲学もまた、一世紀とは言わないが、半世紀を超える歴史をもっている。たしかにその多くは、同時代の英米での研究動向を紹介する域を出ていないかもしれないが、オリジナルな思考を展開していて、いまでも教わるところが多い仕事も少なくない。それにもかかわらず、そうしたものの多くが現在ほとんど知られていないのは、日本の哲学の悪癖である「海外の流行追い」がまだ直っていないからだろう。日本以外の場所で何が起こっているのかについて無関心になることをすすめているのではない。必要なのは、これまでに何がなされてきたかを考えるときに、日本でなされた仕事も考慮すべきだということである。

そのためには、日本の分析哲学史というものが望まれるだろう。そして、これは、単なる好古趣味であってはならず、現在の分析哲学史研究の良質のものと同じく、哲学的探究を先に進めるために、手持ちの概念を再点検したり、無意識のうちに取られていた前提を考え直すためのものであるべきである。

3　哲学の変わり行く媒体

論理実証主義はもともと国際化の志向をもっていたが、それは、ここに集まったのが主に、科学者であったり、科学教育を受けた哲学者であり、科学は自然に国際化を目指すものだったからということもある。これはドイツ語圏で始まった運動であるが、一九世紀における科学における国際化と同様、その国際化は必ずしも言語上の標準化を目指すものではなかった。しかし、論理実証主義者の多くがナチスの台頭とともに英語圏への移住を余儀なくされ、英語で著作するようになり、アメリカの多くの大学の哲学科で主要なポストを占めたことと、ムーアとウィトゲンシュタインに大きく影響された哲学者がイギリスの哲学の主流を形作ったことという二つの事情から、分析哲学はもっぱら英語圏の哲学となった。

分析哲学の仕事の多くが英語で表現されるようになっただけではない。両者の関係はもっと緊密なものにまでなっている。その証拠に、分析哲学が大きな影響を及ぼすようになった非英語圏のヨーロッパの国々、とくにドイツと北欧諸国では、分析哲学者とみなされる哲学者は、母語ではなく英語を用いて自身の成果を発表することが増えている。これは、次に述べる英語の支配と無関係ではないが、そうした傾向が顕著となる前からあった傾向である。

最近の分析哲学における専門化と、それとリンクしている、関連する個別科学との連携の傾向は、英語化という形での国際化をさらにいっそう強めている。学会での発表であろうが、論文という形であろうが、意味ある仕方で研究成果を発表するには、現在事実上国際的な共通語になっている英語を用いることがほとんど不可欠にまでなっている。つまり、英語は、分析哲学における標準的な言語媒体となってから久しい。

「哲学の媒体」と言うとき、そこには二種類のものが考えられる。ひとつは、哲学的思考を表現するための媒体であり、もうひとつは、いったんある形を取った哲学的思考を他人に伝達するための媒体である。言語以外の手段で哲学的思考を表現することも、また、その産物を伝達することも考えられないわけではないが、言語の助けをまったく借りないでそうすることはむずかしい。そして、そのために現在国際標準となっている言語は英語である。

哲学の媒体に関して現在進行しているもうひとつの種類の変化は、第二の意味での媒体、つまり、言語で表現された哲学的思考の成果を、どのような手段を用いて伝えるかに関する変化である。このことを象徴的に表しているのは、「SEP」と略されることの多い、インターネット上の哲学百科事典 *Stanford Encyclopeida of Philosophy* が、現在哲学のなかで果たしている役割である。あるテーマで研究を始めようとしている哲学の院生がまっさきに向かうのは、この事典だろう。関連する項目がここに見つからないということはない。院生でなくとも、ある主題なり分野について、現在の研究状況を知るためには、ここに当たるのが普通である。この事典は、哲学的問題に関心をもっている一般の人が使うこともできるが、基本的には、専門家向けのものである。それぞれの項目を書いているのは、哲学の大御所といった人は珍しく、たいていの項目の書き手は、その主題なり分野に関して第一線で仕事をしている若手の哲学者であり、分量も、短めの雑誌論文程度ある。インターネット上の事典であることの強みで、各項目は、定期的に改訂される。とくに重要なのは、それぞれの項目の最後にある文献表である。これが改訂のたびに増補されることは、言うまでもない。自分の研究に関連する項目に挙がっている文献のすべてに目を通すことを目標にしている研究者も結構いるに違いない。

SEPの項目の文献表に挙がっている論文の多くは、インターネット上に見つけることができる。そのほとんどが、英語圏の哲学の専門雑誌に掲載されたものであり、そうした雑誌はほぼ例外なく電子化されているからである。ただし、論文そのものへのアクセスには、雑誌を購読している必要があり、その購読料は個人で支払えるような額ではないから、大学のようにそれを購読している研究機関に所属している必要がある。しかも、スプリンガーやワイリー＝ブラックウェルのような多国籍企業の出版社から出ている雑誌の場合には、とんでもない値段であるために、購読できるだけの予算をもっているのは、ごく限られた大学でしかない。これは、研究者のあいだでその研究環境が大きく異なるという状況を作り出している。(16)

ただ幸いなことに、現役の研究者の書いたものに関しては、それが掲載された雑誌に当たらなくとも、いくつかの手段で、その内容を知ることができる。研究者個人のウェッブサイトで論文が公開されている場合は、それをダウンロードすることができる。あるいは、ACADEMIAやResearchGateといったインターネット上の研究者向けのサービスを利用するという手がある。こうしたサービスを用いることによって、同じ分野の研究者どうしで論文を共有することができる。

この二つは、商業ベースのものであるが、日本国内のものでは、科学技術振興機構が運営している非営利の researchmap がある。これにも、自分の論文をアップロードして、読みたいひとがダウンロードできるようにする仕組みが備わっている。(17)

いま挙げた三つのサービスは、自然科学系も含めた大がかりなものであるが、哲学に限ったものとしては、哲学文献のデータベース PhilPapers がある。これには、オープン・アクセスが可能な論文を検索できる機能がある。このように自由に利用できる論文のなかには、オープン・アクセスを謳ったオンライン・ジャーナルに掲載されたものもある。こうしたジャーナルに投稿することは、学術雑誌の一部が多国籍企業に支配されている現状に反対する意味もある。また、日本の哲学系の学会の機関誌の多くは、そのバックナンバーを含めて電子化されており、誰でも自由にアクセス可能になっている。

雑誌論文という形式は、哲学の歴史を通じて、分析的伝統の哲学において初めて重要な役割を果たすことになった形式である。そのことは、ラッセルの「表示について」(一九〇五年)、クワインの「経験主義のふたつのドグマ」(一九五一年)、ゲティアの「正当化された真である信念は知識であるか」(一九六三年)などを思い出せば明らかである。かつて、こうした論文を読むには、それが最初に掲載された雑誌か、それが再録された論文集やアンソロジー、あるいは、それらの(紙の)コピーを手に入れる必要があった。現在こうした論文を読むのに、そうする必要はなく、インターネットにアクセスできる環境さえあれば十分である。

読むには紙に印刷しなければという研究者は、まだ多いかもしれないが、いまや論文の流通に紙を介する必要はない。多くの学術雑誌はまだ冊子体でも出ているが、それが廃止されてオンライン・ジャーナルになるのは、時間の問題のように思われる。

　ここで当然出てくる問いは、「では、本はどうなるのか」というものだろう。紙の形で残るかどうかは別として、哲学においては「本」という観念は残るのではないだろうか。そう考える理由は、論文とは別に本という形式が必要だと思われるからである。例外もないわけではないが、ひとつの問題に絞って論じるのが論文である。それに対して、ある全体的な展望のもとに、複数の問題や論点にわたって、ある結論に向かって議論を展開するのが、哲学の本の理想である。この「序論」の第1節の最後に、「作品」と呼ぶにふさわしい書物として挙げた内外の本はすべて、そうした理想をかなりの程度実現している。

　本に関しても英語圏では、「デジタル化」が進んでいる。たとえば、オックスフォード大学出版局の哲学関係の本のカタログを見てみるとよい。ほとんどの本は、電子書籍の形でも購入できるようになっている。ハーバード大学出版局のようなアメリカの大学出版局でも同様である。電子書籍を読むためのリーダーは、キンドルにしてもアドビ・デジタルエディションにしても、まだまだいろんな点で不便であるし、そうかと言って、本一冊分を印刷する手間をかける気にもならないから、紙の本はしばらくは残るだろう。しかし、電子書籍リーダーがずっと使いやすいものになるまで、それほどの時間はかからないだろう。論文の場合と同様、本も、紙離れするに違いない。

　論文も本も、紙ではなく電子化されたものとしてインターネットを通じて流通するようになった場合の大きな問題は、ちゃんとした論文や本を、いわゆるトンデモ説の信奉者や狂信者のものから区別することである。どの学問もこうした課題を抱えているが、哲学の場合は、この課題を果たすことを他よりもずっと困難にしている事情がある。

分析的伝統のもとで哲学の専門化が進んでいるとしても、その専門の内部でも、また、専門の外部からでも、ある段階でその専門のなかでは当然とされている前提に対して疑義が出されることが、哲学の場合には許されるという建前がある。しかし、こうした疑義が、単純な誤解や間違った推論に固執することから生じる場合もある。しかも、こうした誤りを犯すひとのなかには、自分の間違いをどうしても認めようとしないといったひとが、残念なことに少なからず、いる。このこと自体は、世のなかには理不尽なことを信じるひともいるという、周知の事実を裏書きするだけのことで、それだけでは、とくに問題とはならない。

哲学の場合、それですまないのは、第一に、なされている主張が、常識に反していたり、一見不合理だとみえていても、哲学的に大きな価値がある場合があることであり[18]、第二に、当初は理解できないと思われた主張や議論が実りある結果に導く場合があるからである。後者の場合、哲学的価値が隠されている「本物」と、単なる混乱とごまかしでしかない「偽物」とは、ひとによっては、ちょっと見ただけでは区別できない。事態を悪化しているのは、社会一般における「哲学とは特別な人にしかわからないものだ」という偏見の存在である。この偏見は、哲学の書き物に関して、わからないものほどありがたがるという風潮まで生み出している。圧倒的に多くの場合、哲学の書き物がわからないのは、それを書いたひとがきちんと考えていないことの表れにすぎず、本人自身がわかっていないから読むひとにわからないだけのことである。しかし、ごく稀ではあるが、わかりにくさの根底に真剣な思考が隠されている場合もある。ウィトゲンシュタインがそのいい例である。

こうした場合を排除せず、しかし、混乱や欺瞞に由来するものを排除することが必要である。これを果たすことは、学会および学術書の出版社の仕事である。誰もが自分の書いたものを「論文」や「本」と称してインターネット上にあげることができるのだから、何もわざわざ学術雑誌に投稿したり、出版社に相談する必要はないと考えるならば、それは大きな間違いである。学界で認められている学会が出している雑誌に掲載されたり、名の通った出版社から出版されるということは、その論文なり本なりが学問的にちゃんとしたものであるという認証を受けることである。そのためになされるのは、論文ならば同じ専門の研究者による査読であり、本ならば同様の査読、あるいは、少なくとも編集者によるチェックである。(19) よって、紙の本がなくなっても、出版社が不要になるわけではない。

論文と本だけが研究の成果を発表する方法ではない。学会や講演会での講演、あるいは講義といった方法もある。こうした講演や講義は、最終的には論文や本という形になって初めて完成したものになると考えられることが多い。また、従来、講演や講義の録音や録画は、広く流通するものではなかった。例外だったのは、クリプキの場合で、かれはもっぱら講演や講義の形で研究成果を世に出すので、そうしたもののなかには、文字に直されないまま録音テープの形でしか出回っていなかったものもあった。(20) インターネットが普及したことと、録音録画の編集が容易になったこととはすでに、インターネット上の教育的なプログラムとして哲学の普及に貢献している。だが、それだけではなく、文字以外の手段も用いた新しい形の哲学作品がこれから現れてきてもおかしくない。

インターネットによる流通がもたらすかもしれない変化のなかには、哲学の「作品」の同一性にかかわるものもある。とくに本という形態については大きな変化をもたらしうる。これまでのやり方ならば、著者が原稿を書き、それを出版社に渡し、出版社は著者とやり取りをしながら、紙に印刷されて綴じられた本を作成して、取次を通じて書店に置いてもらうという手順が必要だった。このやり方だと、すでに出版されたものに著者が改訂を施したいと思っても、最初に印刷された本の残部が少なくなって、出版社がその本を出し続けようと考えるのでない限り不可能である。しかしながら、原稿を作り、それを流通可能な形に成型し、インターネット上で公開するという一連の過程がすべて電子化されるならば、いったん形を取った本を改訂したり、増補したりすることは、ごく簡単になる。哲学の歴史のなかには、モンテーニュの『エセー』やショーペンハウアーの『意志と表象の世界』のように、著者がその生涯をかけて訂正や増補を続けた本がある。紙の本による出版がむしろ例外となるような将来においては、最終的な形態をもたない本が増えてもおかしくないだろう。こうした「本」は、それを書く人と同じく、時間を通じて変化しながらもその同一性を保つ存在となる。

ところで、大きな観点からみれば、論文にしても本にしても、進行する議論の一コマとして、さらなる議論を進めるためのきっかけにすぎない。そうした議論もまたインターネット上でなされるべきだろうか。インターネット上の議論に関しては、それを誰もが自由に参加できるような形で行うことは概して不毛な結果になるというのが私の印象である。不毛になりやすい原因として、二種類のものが考えられる。第一に、哲学的議論には持続した集中性が必要なのに、いつでもどこからでも誰かが新しく議論に加われるという状況では、集中性を維持するのは困難である。第二に、お互いによく知っている者どうしでないとき、議論とは関係のないことに気を使わなければならない。とくに、狂信者とまで行かなくとも、間違いを容易に認めないような人物が議論に加わってくることがあれば、議論を続けることはマイナスの結果にしかならない。

こう言うことは、哲学の議論は閉ざされたサークルのなかにとどめるべきだと言うことではない。興味を共有している人たちがインターネットを通じて、お互いをよく知るようになり、議論を一緒にできる相手であることを確認し合えれば、哲学の議論は可能になる。

哲学の議論がもっとも生産的でありうるのは、お互いに気心が知れた少数の人たちのあいだでである。たしかグライスはどこかで、哲学の議論をする人数は「室内楽をする人数程度まで」と言っている。十人を超えるような人数では、哲学の議論は成り立たないということである。室内楽の比喩は、理想的な哲学の議論が満たすべきもうひとつの条件も示唆している。それは、室内楽を楽しむ人たちが、それぞれの楽器を携えて、ひとつの場所に集まるように、哲学の議論を行おうという人たちは、そのつもりで、ひとつの場所に集まるべきだということである。同じ時に同じ場所にいることが大事だということだが、現在でもスカイプを使った議論というものもあるから、理想の哲学的議論のための条件は、同じ時にお互いに反応できるような場所にいることといった、もっとゆるいものとなってよいだろう。

哲学的議論を日常的に交わすことのできるグループやサークルの存在が重要であることは、分析哲学の歴史が示すことでもある。二〇世紀初めのラッセルとムーアを中心とするケンブリッジ、一九二〇年代から一九三〇年代にかけてのウィーン、一九四〇年代から一九五〇年代のオックスフォードといった、時と場所がすぐに思い浮かぶ。これに匹敵するような時と場所が、日本のなかにも存在するようになるのを夢想することは無駄なことだろうか。

註

(1) 日本語の「文学」という言葉は、「哲学」と同様、日本の開国以降に入ってきた西洋の概念——たとえば、英語の「literature」によって表される概念——に対応するものとして使われるようになったものである。「哲学」の場合と大きく違うのは、「哲学」が指すものは基本的に西洋のものであり、日本の伝統のなかにはないと考えられたのに対して、「文学」の名前で呼ぶことのできるものは、日本の伝統のなかにも、また、この伝統が大きな影響を受けた中国の伝統のなかにも存在すると考えられたことにある。しかしながら、こうした伝統を、ヨーロッパで言われる「文学」のなかに包摂してよいのかについては、さまざまな立場があった。この問題の詳細な研究である鈴木貞美『日本の「文学」概念』（一九九八年、作品社）によれば、「日本において言語芸術を中心とする近代的な「文学」概念が安定したものとして根をおろしたのは、二〇世紀初頭から一九一〇年にかけて」という（同書、二四四頁）。ただし、日本語の「文学」によって表される概念が、現在でも、もっぱらヨーロッパ中心に形成されてきた概念とさまざまな点で異なるということは、おおいにありうる。文学の分析哲学が、分析哲学の通例として、英語圏中心になされているために存在するバイアスを正すのに、われわれは貢献できる立場にいる。

(2) 文学の美学の簡潔な紹介として、たとえば、次を見られたい。Peter Lamarque, "Literature" in Berys Gaut and Dominic Lopes (eds.), *The Routledge Companion to Aesthetics*. 2013, Routledge, pp. 521–531.

(3) Peter Lamarque, *op. cit.*, pp. 524–526.

(4) いわゆるドキュメンタリー映画を除く。この点については、本書第2章で紹介しているノエル・キャロルの論文が参考になる。

(5) David Lewis, "Truth in fiction" *American Philosophical Quarterly* 15 (1973) 37–46.

(6) これは、ようやく最近になって、Saul Kripke, *Reference and Existence: The John Locke Lectures*, 2013, Oxford University Press として公刊されたが、以前から録音テープもしくは原稿の形で広く出回っていた。

(7) この点については、拙著『新哲学対話——ソクラテスならどう考える?』（一九九七年、筑摩書房）の合評会における近藤智彦氏の質問への「返答」（『邂逅　岡山大学哲学倫理学年報』33 (2019) 42–49）で論じたので、参照してもらえるとありがたい。https://researchmap.jp/read0162150/published_papers/14049307

(8) 実際、映画やアニメを手掛かりに哲学的考察を行っている『映画で考える生命環境倫理学』（吉川孝・横地徳広・池田喬（編著）、二〇一九年、勁草書房）を構成する論文のすべてが分析的なスタイルのもとで書かれているわけではない。

(9) カヴェルのこうした作品と同様の志向をもつ最近の研究として、私の目に触れたものを二つ挙げておく。それぞれの副題からも明らかなように、前者はプルーストの作品、後者はシェイクスピアの作品を取り上げている。Joshua Landy, *Philosophy as Fiction: Self, Deception, and Knowledge in Proust*, 2004, Oxford University Press; Tzachi Zamit, *Double Vision: Moral Philosophy & Shakespearean Drama*, 2007, Princeton University Press.

(10) 私がごく最近手にしたものに、James McMullen (ed.), *Murasaki Shikibu's THE TALE OF GENJI: Philosophical Perspectives* (2019, Oxford University Press) という論文集がある。『源氏物語』を哲学的考察の対象とした最初の試みだという。これに刺激されて、同様の研究が出てくることを願う。

(11) Edmund L. Gettier, "Is justified true belief knowledge?" *Analysis* 23 (1963) 121-123.

(12) この点については、拙著『ウィトゲンシュタイン――言語の限界』（一九九七年、講談社）の二一四～二二〇頁を参照されたい。

(13) A. J. Ayer, W. C. Kneale, G. A. Paul, D. F. Pears, P. F. Strawson, G. J. Warnock and R. A. Wollheim, with an Introduction by G. Ryle, *The Revolution in Philosophy*, 1956, Macmillan & Co. この本はあまり知られていないようだが、日常言語学派の哲学者にも、論理実証主義者のような「革命志向」があったことを証拠立てている本である。一九七〇年代の初め私は、この本を大学の研究室の図書のなかに見つけて読んだ記憶がある。論理実証主義者を思わせるような、過去の哲学を否定する口調におどろいたことを覚えている。

(14) 以上の点について、より詳しくは、拙稿「論理実証主義とカント哲学――綜合的アプリオリから規約へ」（牧野英二・中島義道・大橋容一郎（編）『カント――現代思想としての批判哲学』一九九四年、情況出版、一五二～一六二頁）を参照されたい。

(15) 西洋哲学の歴史へのこうした分類と、その背景にある哲学観は、一九世紀のヨーロッパ、とくにドイツのものに強く影響されていたことは疑いない。

(16) 多国籍企業の出版社が出している学術雑誌の多くが、無償でなされる研究者による査読で成り立っているにもかかわらず、そうした研究者を抱えている研究機関がその同じ雑誌を利用するために法外な金額を支払わなければならないという不合理性を批判しているものとして、次を見られたい。この著者は、日本でも訳書が出ている、主にこころの哲学で仕事をしている哲学者である。Tim Crane, "The peer review industry: implausible and outrageous," *Times Literary Supplement*, Oct. 26, 2018.

(17) 二〇二〇年一月現在。

(18) ゼノンのパラドックスを思い出せばよい。その結論は、運動は不可能であるというものである。

(19) 英米の学術書の場合、出版社が依頼した複数の研究者による査読を受けるのが通例である。それに対して、日本の場合は、研究者による査読を要求する出版社はほとんどない。したがって、査読に類したものを望む研究者にとっては、知り合いに読んでもらうといった方法しかない。

(20) 註6に挙げた講演がその一例である。

Ⅰ　分析哲学とは何か？

1

哲学と「哲学の言葉」

哲学に興味を抱くきっかけはさまざまでしょうし、また、それ以後の道筋もひとによって大きく違うでしょう。だが、それでも、どんなことでもよいのですが、何かが哲学的問題としてそのひとに現れるということがなくては、本当の意味で哲学に導かれたとは言えないと私は思います。哲学について多くの知識をもっていながら、また、えらい哲学者とされている人の本をたくさん、しかも丹念に読んでいながら、哲学の問題が「他人の問題」だとしか感じられないひとがいます。こうしたひとにとって、哲学の本に書かれていることは、鑑賞の対象です。そして、優秀な鑑賞者であればあるほど、本という形で固定された他人の思考の成果を、わざわざ、かき乱そうなどとはしないでしょう。だが、まさにその点で、哲学の鑑賞者は、哲学の外にとどまらざるをえないのです。哲学という領分のなかに入り込むには、何も特別の知識が必要なわけではありません。入り込もうなどとは思いもしなかったのに、いつのまにか入り込んでしまっていたということだって、よくあります。他方、(なぜそう思うのかはわかりませんが)入り込みたいと切に思っているにもかかわらず、どうしても哲学の鑑賞者以外にはなれないということもあります。このへんは、結局のところ、どうしようもない部分が多いので、これ以上は述べません。むしろここでは、何かが哲学的問題として現れてきたとき、最初の一歩をどう踏み出せばよいかということについて、いくらか述べてみたいと思います。

私の考えでは、哲学の問題の多くは、概念にかかわる問題です。したがって、自分たちがもっている概念がどのようなものであるかを、明瞭な仕方で把握することがぜひとも必要です。しかし、概念そのものは、目に見えるものでも、耳に聞こえるものでもないように思われます。いったい、そんな種類のものを明瞭に把握することなど、可能なのでしょうか。ここで詰まってしまっては、このあと一歩も先に進めません。しかし、幸いなことに、ここから脱け出す道はすでにつけられています。そして、こうした道をつけた功績は、分析哲学と呼ばれる哲学の流派あるいはスタイルに帰すべきです。分析哲学の基本的な考え方によれば、ある概念をもっているということは、ある一連の言葉を正しく使えることにほかなりません(これはまだひどく抽象的ですが、この後すぐ例を挙げますから、もうちょっと我慢してください)。したがって、概念を明瞭な仕方で把握するためには、その概念にかかわる言語表現を、自分たちがどのように使っているのか、より正確には、どのような使い方が正しいと自分たちがみなしているのかが、明瞭にされればよいということになります。「分析哲学」という名称に含まれている「分析」の対象は、ふつう、言語であると考えられています。そして、そう考えることは誤りではないのですが、言語の分析を通じて目指されているのが概念の分析であることは、見落とされてはならないでしょう。

さて、例です。あるとき、こんな議論を思いつきました。その結論は、「ひとが、何かを忘れようとしても、そうすることによって実際にその何かを忘れるということは不可能である」というものです。そして、その根拠はこうです。――いやなことを忘れようとして、「このことは忘れよう」と常に心がけている人間は、いつも「このこと」を自分の「心がけ」の一部として意識するのであるから、そうすることは、いつも「このこと」を念頭に浮かべていることになる。したがって、ひとは、何かを意識的に忘れようとして、それに成功することはできない。

この議論に、たいした哲学的深みはないかもしれません。いや、きっと、ないでしょう。しかし、これが、心理学とか生理学とかでなく、哲学に属する議論であることはたしかだと思えます。何人ものひとを被験者として、意識的に何かを忘れることを試みてもらい、その成功率を統計処理するといったことが、ここで目指されているわけではありません。ここにあるのはあくまでも議論だけで、しかも、その議論を成り立たせているのは、「忘れる」とか「意識する」といった言葉によって指される概念のあいだに成り立つと考えられる関係です。それゆえ、この議論は、それ自体としてはつまらないものかもしれませんが、いくつかの重要な概念のあいだの関係を探索するきっかけにはなりうるはずです。

どのようにしてそうした探索に取りかかるべきでしょうか。ひとつの可能な道は、こうです（ただひとつの道があるわけではなく、ここで述べる以外のやり方もたくさんあるはずです）。「忘れる」ということが問題となっているのですから、それと対をなす「覚える」を、比較のために持ち出してみたらどうでしょうか。まず誰でも気がつくのは、「覚える」に関して、同じような議論はできそうにないということでしょう。「ひとが何かを意識的に覚えようとしても、そうすることは決してできない」という主張は、明らかにばかげています。もちろん、もとの議論の結論にも、ひっかかる点がないわけではありません。もしもこうした結論が正しいとすれば、忘れようとすることは、まさにそれが目指す事態の実現をさまたげるという、自家撞着的なものでしかありえないということになります。しかし、ひとの振る舞いや態度を記述するのに「忘れようとしている」といった表現を用いても、その振る舞いや態度が不合理だといった含みは、この表現にはないと思えます。たとえば、「ぼくが旅に出るのは、つらいことを忘れるためだ」という説明を受けたからといって、相手の行動が不合理だと決めつけるひとは、まず、いないでしょう。それでもなお、「ひとが何かを意識的に忘れようとしても、そうすることは決してできない」という主張が誤っていると即座に断言することには、ためらいが残ります。ためらいがなぜ残るのかといえば、それは、「意識的に忘れようとする」という句に、まだ何か釈然としない感じをもつからではないかと思います。

ふだんの生活で私たちは、この句に関して何の問題も感じません。だが、ひとによっては、いったん、「意識的に」と「忘れる」とがこの句のなかで直接結合されているということに気付くと、なぜそのようなことが可能なのかと思いわずらうということが起こりえます。一方には、忘れるということが、意識的になされることでないだけでなく、意識的にできることでもないという考えがあり、他方には、「意識的に忘れようとする」という句が実際に流通しているのだから、何かを意識的に忘れることはやはり可能なのだという考えがあります。この両方から引っ張られて身動きが取れなくなったりすれば、これはもう、立派に哲学的問題の渦中にいるということになります。といっても、この哲学的窮境から脱け出すのは、それほどむずかしくはありません――この問題が「哲学的に深く」はないと言ったのは、そのためです。

わざわざそうしようと思ったり、そうしようと努力したりすることなしに、ひとの身に生じる出来事というものがあります。たとえば、眠ることがそうです。そして、忘れることもまた、この部類に属します。他方、そうしようと思い、それなりの努力をしなければ生じない出来事も、たくさんあります。たとえば、ピアノを弾くこと、外国語で書かれた本を読むことなどは、こちらの部類に属するでしょう。さらに、これら二つの部類のどちらに属するかが、場合によって異なるものもあります。何かを覚えるということが、その例です。精一杯の努力をして何かを覚える場合もあれば、何の努力もせず、また、覚えようとも考えていなかったのに、何かを覚えてしまったという場合もあります。(ついでですが、「してしまった」という表現が使えるかどうかが、ある出来事が、第一の部類に属するか、それとも第二の部類に属するかのテストとして使えそうです。)

第二の部類に属する出来事を取り上げましょう。たとえば、ショパンのある曲を弾くという出来事です。この出来事を実現させるためには、実際にピアノにさわって、ショパンのその曲を追ってみることが必要です。どんなにへたであっても、その曲を弾いてみなければ、それを弾けるようにはならないからです。一般に、第二の部類に属する出来事を実現させるためには、その出来事そのものではなくても、それと同じような表現で言い表されることをしなくてはなりません。いまの言い方はわかりにくかったでしょうから、例で言い直します。「ショパンのワルツを弾く」という出来事が実現するためには、それ以前に、どんなにつっかえながらであっても「ショパンのワルツの楽譜に従って音を出す」ということがあったはずです。同様に、外国語で書かれた本を読もうとしているのならば、その本の一部である外国語で書かれている文章をひとつずつ読んでいるのでなければなりません。

それに対して、第一の部類に属する出来事については、事情はまったく異なります。自分が眠っているという状態を実現させるために、どれだけ不完全な仕方であろうが先に眠っていなくてはならないというのは、意味をなしません。忘れるについても、同様です。何かを忘れるために、まず、本当に忘れるまえに、忘れることの練習をするなどということがありうるでしょうか。

でも、「忘れようとする」という言い方、また、「眠ろうとする」という言い方があるじゃないかと言われるでしょう。「意識的に」「努力して」忘れることもあれば、眠ることもある、これはいったい何をしているのだろう、というわけです。答えは、こうです。眠るのに適した状況や、忘れるのに適した状況というものがあります。「眠ろうとする」こと、「忘れようとする」ことは、それぞれ、眠ることや忘れることに適した状況を自分から作ろうとすることなのです。このように考えれば、「眠ろうとして努力する」や「忘れようと努力する」といった言い方に矛盾がないことは明らかでしょう。ここに何か矛盾があるように思えてしまうのは、こうした言い方が、「問題を解こうとして努力する」とか「山頂まで行こうと努力する」といった言い方と同じだとみなすからです。この二種類の言い方が異なることに、まだ納得が行かないならば、つぎのように考えてみたらどうでしょうか。山頂まで行こうと努力することもまた、山頂に自分が立つという出来事が実現するのに適した状況を作ろうとすることだと言えるかもしれません。しかしながら、このときになされること――山頂までの道を歩くこと――は、「山頂まで行く」という過程の一部にほかなりません。それに対して、「眠ろうと努力する」際になされるさまざまな事柄――寝具を用意すること、寝間着に着替えること、部屋のあかりを消すこと、等々――は、断じて、眠ることの一部ではありません。あるいは、このように言ってもよいかもしれません。眠ろうとするひとにとって、眠るための準備をしたあと、なすべきことはただ、眠りが訪れるのを待つことだけです。それに対して、山頂をきわめようとするひとは、山頂に自分が立つときの準備をしたあと、その事態が到来することをただ待ったりはしないのです。

さて、このちょっとした哲学的議論の実例から、教訓を引き出すことにしましょう。まず、この議論から、何が得られるのでしょうか。当面、二つのことが考えられます。ひとつは、「忘れる」とか「眠る」といった言葉で記述される出来事と、「問題を解く」とか「山頂まで行く」といった言葉で記述される出来事は、どちらも、ひとにかかわる出来事ですが、そのひととのかかわり方が大きく違うということです。もうひとつは、どちらの言葉も「……ようとする」とか「……しようと努力する」といった文脈に現れることができますが、それぞれの場合で異なる意味になるということです。これらの事柄が、本当に重要な問題とかかわるのかどうかは、まだ見えませんが、少なくともここからは、ひとに「起こる」ことと、ひとが「する」ことのあいだの区別といったものを引き出せそうです。そして、この区別はそれ自体で、それなりの興味をもつものではないかと、私は考えます。

しかし、私がこの議論を取り上げたのは、それ自体の興味のためというよりは、哲学において言語分析というものが実際にどのような形でなされるかを示す手頃な例としてでした。今度は、こちらの観点から、どのような教訓が引き出せるかをみておきましょう。

哲学の言葉ということで、ひとがすぐ連想するものには、だいたい二種類あると思います。ひとつは、とても一般的で抽象的な言葉です。「存在」とか「認識」とか「行為」といった言葉が、その例です。もうひとつは、哲学者によって作られた専門用語です。「理性」とか「実体」とか「属性」といった言葉が挙げられるでしょう。このいずれの種類に属する言葉も、日本語ではほぼ例外なく、漢字熟語の名詞であることに注意してください。哲学的議論、とくに、問題を考え始める最初の段階で絶対に避けるべきなのは、こうした言葉です。実際、うえの議論で、こうした言葉は出てきたでしょうか。「意識」というのがちょっと怪しそうですが、実際に出てきたのは「意識的に」という副詞だけです。典型的な「哲学の言葉」とされる漢字熟語の名詞は、哲学的問題のありかを示すだけの見出し語（「存在」や「認識」や「行為」など）にすぎないか、あるいは、過去の哲学者たちによる複雑な概念操作の歴史をひきずる、それ単独では意味不明の語でしかありません。哲学的議論というと、こうしたむずかしげな言葉が飛び交う場所だと考えるひとが多いのではないでしょうか。そうした印象は、哲学書から得られたのかもしれませんし、ひょっとすると、実際にそういう場所に居合わせたことから得られたのかもしれません。もしそうであれば、それは不幸なめぐりあわせというものです。

分析哲学という哲学のスタイル、そして、その要とも言うべき哲学的言語分析の特徴は、抽象的な「哲学の言葉」が単に名指すだけの哲学的問題を、現実の言語使用に引き戻して考察することにあります。「記憶」という言葉でくくられる哲学的問題があるとすれば、そうした問題を検討するために考察されるべきなのは、この「記憶」という言葉ではなく、「覚える」、「忘れる」、「思い出す」といった動詞とそのさまざまな変形――「覚えている」、「忘れている」、「覚えられない」、「忘れられない」、「思い出せない」、「覚えていた」、「忘れた」、「思い出した」――の方です。ここで重要なことは二つあります。第一に、これらの語をそれぞれ単独で考察するのではなく、これらの語を含む文にはどのようなものがあり、どのような使われ方をするのかといった具合に、必ず、その語が使われる文脈を念頭に置くことです（哲学の言葉の典型とされる漢字熟語の名詞は、独立性が高いために、つい、ひとり歩きしがちであるだけでなく、文脈における考察ということになじみません）。第二に、目指されるべきなのは、考察対象となっている言語表現のあいだの相互関係を明らかにすることですが、そうする仕方はいろいろあるということを見失わないことです。とりわけ、定義を目指すことは、多くの場合、不毛であるだけでなく、危険でもあるということを、覚えておくとよいと思います。

哲学では言葉に注意を払わなければならないということを聞くと、ひとはよく、哲学の議論ではきちんと定義された言葉だけを使うべきだとか、自分の使う言葉の定義がどうなるか考えるべきだといった話だと思いがちのようです。でも、重要な概念を表す言葉であればあるほど、その定義を目指すことは見当違いの努力になりかねません。なぜならば、哲学的議論で問題となるのは、しばしば、同程度に基本的な複数の概念から成る一種のネットワークだからです。こうした場合、ひとつの概念を表す表現を別の表現で定義したとしても、そこから本当の理解が得られるということはあまり望めないでしょう。

私が勝手に名付けたものですが、「哲学的言語分析の三原則」なるものを、最後に、紹介しておきましょう。この三原則が、これまで私が述べてきたことと一致していることに気付かれることと思います。

1　漢字熟語を分析の対象としてはならない。
2　語を単独で考えてはならない。
3　定義を目指してはならない。

追記　二〇一九年一〇月

ウィトゲンシュタイン『哲学探究』四七節に次のような部分があることに、最近気が付いた。

（前略）――ある特定のゲームの外側で、「これは合成されたもの？」と質問することは、あの少年の場合に似ている。少年は、いくつかの例文で動詞が能動態で使われているか、受動態で使われているか、質問された後、「眠る」という動詞が能動的なことをさしているのか、受動的なことをさしているのか、で頭を悩ませたのだ。（ウィトゲンシュタイン『哲学探究』丘沢静也訳、二〇一三年、岩波書店、四五頁）

2

分析哲学としての哲学／哲学としての分析哲学

はじめに

自分のことを棚にあげて言うのは何だが、分析哲学と言うとひとはたいがい、それがもっぱら論理とか言語とかいった主題を扱うものだと決め込んでいる節がある。私自身はこれまでたまたま、論理や言語に関する事柄について論じる機会が多かったので、自然とその方面の仕事が中心になっただけのことで、ほかにも考えてみたいと思っている事柄はいろいろある。だが、どんな主題を取り上げることになろうとも、そのときの私の論じ方は、論理や言語に関する事柄についての私の論じ方と変わらないだろうと、私は確信できる。この確信はどこから来るのかと言えば、要するに、それだけが、借り物ではないと感じられる仕方で哲学の問題を論じる仕方として私が知っているものだからである。つまり、私にとっての哲学とは分析哲学のことだと、他人ならば言うだろう。

もちろん、私自身は、自分のしていることを分析哲学と特徴づけたりはしない。私のしていることは哲学だと思っているからである。しかし、ときには、他人の目で自分を見てみるということも必要かもしれない。それしか私のものだとは思えないという哲学の仕方とは、客観的にみて、どのように特徴づけられるのだろうか。そこから、この哲学の仕方とは異なる哲学の仕方が見えてこないだろうか。もしも別の仕方があるならば、なぜこの仕方に固執するのか。それとも、固執する必要はないのだろうか。

こうした問いはいずれも、けっこう深刻な問いになりうる。だが、ここではたぶん、最初の問いについていくらか考えてみるぐらいのことしかできないだろう。そのために私が取ろうと思う方法は、ふつう分析哲学が扱うとは思われていない主題を、いわゆる分析哲学者がどう論じているかをみることである。

映画理論と分析哲学の出会い

いま私の手元には『映画理論と哲学』という本がある[1]。そのカバーにある文章を読めば、この本がひとことで言って、映画理論と分析哲学の出会いを目指したものであることは明瞭である。映画研究(Film Studies)がアメリカやイギリスの大学で市民権を得て以来現在に至るまで、映画理論が実にさまざまな思想的潮流にさらされてきたことは、文学理論の場合と同様らしい。マルクス主義、精神分析、記号論、フェミニズム、ポスト構造主義、等々、何でもありというのが、英語圏における映画理論の現思われる。

状のようである。この混沌とした状況のなかに分析哲学を持ち込もうというのが、この本のねらいだと

中身を少し覗いてみよう。序論以外の最初の論文は「存在したことのない映画理論——神経質なマニフェスト The Film Theory That Never Was：A Nervous Manifesto」と題されている。その著者のカリー（Gregory Currie）を私はフレーゲの研究者として知っていたが、執筆者紹介の項目をみると最近はむしろ美学に属する仕事の方が多いように見受けられる。「マニフェスト」と題されているだけあって、この論文で扱われている主題は多岐にわたるが、そこで最初に取り上げられているのは、「映画とは、動く写真（映像）——moving picture、つまり、活動写真——である」という特徴づけがはたして正しいかどうかという問題である。

映画の原理はある錯覚に基づいているというのは、広く受け入れられている見解だと思われる。スクリーン上で人物や物体がどのような動きをしているようにみえても、実際にわれわれが見ているのは静止した画像の連続にすぎず、そこに運動があるかのように思うのはわれわれの錯覚にすぎないというわけである。

こうした考えに対してカリーは、二通りの反論を提出している。一方は強気に、スクリーン上にわれわれが見るのは本物の運動だと論じるものであり、もう一方はもっと弱気に出て、スクリーン上の運動は、本物の運動と錯覚のあいだの中間的なあり方をしていると論じるものである。われわれ人間にとってだけポストが赤くみえるのだとしても、ポストの赤が本物の赤であることに変わりはないのと同様、スクリーン上の運動も本物の運動であると論じるのが強気の反論である。もっと弱気な方の反論では、

(a)本物の、(b)錯覚上の、(c)見かけ上の、という三つの区別をもうける。ここでも色が引き合いに出される。色が実在に属さないというみで「本物の」とは言えないとしても、ポストが赤くみえるときわれわれは錯覚に陥っているというのはおかしい。錯覚には何らかの誤りが含まれていなくてはならないからである。よって、本物でなければ錯覚でしかないというのは偏狭な態度であって、本物ではないけれども、錯覚でもない「見かけ上の」というカテゴリーが必要であり、スクリーン上の運動は、色とともに、このカテゴリーに属するとされる。いずれの反論を採用しようが、スクリーン上にわれわれが見る運動は錯覚によって生み出されたものではないということになる。

この問題をこうして片付けたあとカリーは、映画の本質である動く映像は「写実的 realistic」である――映像が表現する（represent）ものと映像は類似している――というテーゼの擁護に向かう。映画が動く映像であるという最初のテーゼから、映画は運動と変化一般を描写できるということが帰結する。それゆえ、アンドレ・バザンによる有名な映画のレアリズムの主張――ロング・テイクとディープ・フォーカスのスタイルの優位性――は、空間と時間の写実的描写が可能であるという映画の本性に基づくものであると言われる。だが、いかにも「分析哲学者」の議論らしく、つぎのようにも付け加えられる。すなわち、映画が人物を描写できるという事実から、できるだけ多くの人物を描写する映画がよい映画だということが帰結しないのと同様、映画が空間と時間のなかの対象間の諸関係を描写できるということから、この可能性が最大限発揮された映画がよい映画だということは帰結しない、と。

この論文には他にも、コンヴェンションという概念が映画にあてはまるとすれば、それはどんな意味でなのかという点についての考察や、映画の観客における想像のあり方を実験心理学的な仕方で探究すべきことの提案といった興味深い話題が含まれているが、そろそろ別の論文に目を向けるときだろう。『映画理論と哲学』からのもうひとつの論文として、ノエル・キャロル (Noël Carroll) による「フィクション、ノンフィクション、および、主張と想定される映画――概念的分析 Fiction, Non-fiction, and the Film of Presumptive Assertion: A Conceptual Analysis」と題された章を取り上げよう。カリーの「マニフェスト」と異なり、この論文の目標はもっと限定されていて具体的である。それは、一般に「ドキュメンタリー映画」と呼ばれている種類の映画の定義を与えることである。

ドキュメンタリー映画の特徴づけということが話題になるとき、しばしばその出発点として取られるのは、第二次大戦中から戦後にかけてのイギリスのドキュメンタリー運動の中心となったジョン・グリアースンの仕事である。キャロルもまた、「現実を創造的な仕方で扱うこと the creative treatment of actuality」というグリアースンの定義から出発する。この定義に関してキャロルは、それが現在「ドキュメンタリー映画」ということで一般に指されているのよりもずっと狭い範囲の対象にしかあてはまらないことを指摘する。かれは同時に、ノンフィクションという概念に訴えることも役に立たないと論じる。この概念はあまりにも広く、アヴァンギャルド映画のようなものまでもそのなかに含まれてしまうからである。キャロル自身の提案は、ドキュメンタリー映画を、ノンフィクション映画のなかの一種類、主張と想定される映画 (a film of presumptive assertion) として定義しようというものである。

ノンフィクションという概念を用いることは、フィクション／ノンフィクションという区別の存在を認めることである。こうした区別が存在しないという二通りの議論――ひとつはクリスチァン・メッツのもの、もうひとつは「デコンストラクショニスト」のもの――に対してキャロルは、詳細かつ壊滅的な議論を展開するが、これは分析哲学流の議論を読み慣れているひとにはだいたい見当がつくものだろう。つぎにかれは、この区別を積極的に特徴づけることに向かう。そこで大きなはたらきをするのは、意味の分析に関してグライスが用いたような重層的な意図の概念である。詳しい点は省くが、かいつまんで言えば、記号の受け手が送られた記号の内容を「仮定的に想像する suppositionally imagine」ように送り手が意図しているかどうかが、フィクションとノンフィクションの区別を構成するとされる。そして、受け手が仮定的な想像を行うことが意図されていないノンフィクションのなかで、記号の内容が主張されていると想定される映画——そこで描写されている事柄が事実そうであると観客に受け止めてもらうように意図されている映画——というのが、求められていた定義のおおざっぱな形であるという結論に至る。ドキュメンタリー映画とされるものが、現実の記録映像だけから成ることはまれで、多くの場合、解説的な図表や、アニメーションや、再現映像といったものを含んでいるという事実は、この定義から自然に説明される。なぜならば、「主張と想定される映画」において重要なのは、それを構成する映像が歴史的に本物であるかどうかではなく、それが現実についての主張を行うものとして受け止められるように意図されているかどうかだからである。

明晰さと論証

『映画理論と哲学』は、編者による「序論」を含めて全部で二〇本もの論文を含んでいる。いま見たのはそのうちの二本にすぎない。だが、この二本だけからでも、分析哲学の手法がどのようなものであるかについて、いちおうの観念を得ることはできそうに思われる。また、映画理論のように「哲学＝分析哲学」という英語圏のアカデミックな哲学での常識（？）が通用しない場所に出かけてきている哲学者は、自身の手法に意識的にならざるをえない。

決して満足のできるものではないがという但し書きのもとではあるが、カリーは、自身のアプローチを「映画の分析哲学」と呼ぶ。そして、「表現の明晰さと論証、論理の役割、科学への配慮」といった事柄に力点をおくことに、分析哲学の特徴を見出している。ここで「表現の明晰さと論証」という特徴づけが最初に来ていることに注意しよう。キャロルには、『運動する映像を理論づける』および『運動する映像を解釈する』という一対の本があるが、(4) その「実践編」の方である映画論を集めた後者に序文を寄せている映画史家のトム・ガニング（Tom Gunning）は、キャロルが、何よりも「明晰さと論証 clarity and argument」を要求する理論家として、映画研究に大きなインパクトを与えてきた存在であると述べている。つまり、分析哲学の内部と外部を問わず、明晰さと論証ということが、この哲学の中心的特徴とみなされていることの証拠だろう。

明晰さと論証という二重の要求は、分析哲学者がみずからに課す要求である以上に、他の流派の理論家に対して課す要求である。分析哲学者にとって、「いったい何を意味しているのか」あるいは「どんな理由に基づいてそう言うのか」は、ある種の主張に対して反射的に出て来る問いである。ここで取り上げた論文とは別の場所でキャロルは、つぎのような趣旨のことを述べている。(5) ——何かが普遍的に成り立つという主張を耳にしたとき、哲学者ならばまずそれを検討するだろうし、科学者ならばまずそれをテストするだろう。それに対して、映画理論の連中の反応は違う。その主張はそのままにしておいて、とりあえず、それを解釈の前提として用いるというのが、かれ／彼女らのやり方だ。解釈がうまく行くならば、もとの主張は正しいというわけだ。だが、こうした主張を吟味してみれば、そこにさまざまな問題があることはすぐにわかる。私がするのは、そうした吟味なのだ。

ここで述べられていることをキャロルがどのように実践しているかは、先に取り上げた論文のなかでの、フィクション／ノンフィクションという区別は存在しないとする理論家たちの主張の取り扱いから見て取ることができる。こうした区別が存在しないとする根拠としてメッツなりデコンストラクショニストなりが引き合いに出す考慮のひとつひとつに関して、それが、それ自体としては正しいとしても、フィクション／ノンフィクションという区別が存在しないという結論には導かないことを示すというのが、キャロルの取る手続きである。先に触れたように、論文のこの部分を読むとき、英語圏の哲学の議論に慣れているひとならば、ある種の既視感に襲われても不思議ではない。他人の議論に接するときにまず目が行くのが、論証の不備や不在であるというのは、分析哲学の訓練を受けた者にとっての宿命である。主張Aは主張Bの根拠にならない、なぜならば、Aが成り立つとしてもBが成り立たない場合が可能であり、そうした反例としてCという事例を挙げることができるといった議論は、分析哲学の議論においてはしょっちゅう出会うパターンである。

他方、キャロルの論文の主題が明晰さへの要求から出て来たことは、明らかである。すなわち、ドキュメンタリー映画の定義がなぜ必要なのかと言えば、一方にはグリアースンに由来する比較的明確な特徴づけがあるのに対して、他方で「ドキュメンタリー」という語はそうした特徴をもたない映画に対してもひんぱんに用いられるからであり、こうした事態を放置しておくことは混乱の源となるからである。

急いで付け加えておかなければならないが、この場合、事態を放置しておけないわけは、それが単に混乱の源となるからというのではなく、ドキュメンタリー映画という概念が、映画についての理論のなかで重要な役割を果たす概念だからである。理論の要となる概念が不明瞭なままで放置された場合に引き起こされる理論的混乱を防ぐことが、ここでの問題なのである。

映画が錯覚に基づくものではないとするカリーの議論もまた、同様の狙いをもつ。ただし、ここで検討の対象となっている概念はもっと基本的であって、それは映画の概念そのものである。ここでのカリーの議論は、認識論に属する論文に現れてもまったくおかしくないし、その背景には分析哲学のなかでの知覚をめぐる議論の蓄積がある。だが、ここで、そうした議論の蓄積は、映画とは何かという問いに答えるために動員されている。「活動写真」という日本語はもはや聞くことがないとしても、英語の「motion picture」という表現はまだ完全にすたれたわけではないだろう。たいていのひとは、映画が、比喩ではなく、文字通りの意味で motion picture なのかなどということを真剣に考えたりはしない。だが、映画について理論的に考察しようと志すならば、これこそが第一に問われるべき問いだというのが、「映画の分析哲学」の立場なのである。

明晰であるとはどういうことか（一）——理論

「哲学＝概念分析」といういまでは過去のものとなった立場を取らなくとも、概念の明晰化ということが、分析哲学を特徴づける企てのひとつであることは疑いない。しかし、明晰化ということで何が意

味されているのかは、必ずしも一様ではない。つまり、明晰さという概念自体が明晰化を必要とする概念なのである。(6)

概念を明晰にするということが何に存するのかについては、現在、二つの有力なパラダイムが存在する。一方のパラダイムによれば、問題の概念をそのなかに位置づけることができるような理論を構成することによって、概念は明晰なものとされる。

キャロルによる「ドキュメンタリー映画」の定義が、まさにぴったりの例を提供してくれている。かれは、それを「主張と想定される映画 film of presumptive assertion」と定義するが、この定義は、コミュニケーションにおけるフィクションとノンフィクションの区別に基づいており、さらに、この区別はコミュニケーションについてのグライス的な理論のなかでなされている。このことからもわかるように、定義すること自体が重要なのではない。概念の定義によって、その概念が、ある理論のなかに位置づけられ、その同じ理論が扱う他の一連の概念とどのような関連をもつかが明らかにされることが重要なのである。

「理論」という言葉の最近の使い方からみてここで強調される必要があるのは、単なる一般的枠組みだとか、一般原則の集まりのようなものを漠然と指して「理論」と言われているのではないということである。ここでの理論とは、物理学や生物学の理論が「理論」と言われるのと同じいみでの理論である。このいみでの理論であるためには、その理論に属する主張とそうでない主張との区別が原理的にはっきりしていることが必要である。さもなければ、理論を批判する際の通常の仕方に従って、理論のある特定の主張が誤りであることをもって理論は誤っていると論じることが、問題の主張が理論に属するかどうかという、もうひとつの、決着のつかないかもしれない議論を招来するだけの結果に終わりかねないからである。つまり、こうした条件を満足しない「理論」は、その正誤について論じるための共通の合意が成り立つための地盤をもたないといういみで客観性をもたないのである。

ルーズないみでの理論はどれも、こうした客観性を欠いている。何がその理論の主張であって、何がそうでないかが明確でないことが、これらの「理論」がルーズないみでしか理論ではない理由である。もちろん、「理論に属する主張とそうでない主張とが原理的にはっきりしている」という規定は、ごくおおざっぱなものにすぎず、これをもっと厳密な仕方で定式化しようとすると、さまざまな問題――その多くは哲学的にも興味ある問題である――が出て来るが、この点はいま措く。分析哲学者の「理論」が科学理論と同じいみでの客観的理論であるということは、「理論」を作ったり、批判したり、改訂したりといったことが、複数の個人のあいだの共同作業として実現されうるということである。ある哲学者の作った理論が、別の哲学者によって批判され、その批判に答える形でまた別の哲学者がもとの理論を改訂するといったパターンは、分析哲学の歴史のなかで何度もくりかえされてきた。そして、こうした過程が理想的な仕方で進行する場合には、それを概念がしだいに明晰にされて行く過程と同一視することができる。

哲学的分析の対象となる概念は、身近でありながら、あるいは、身近であるがゆえに、明瞭ではない概念である。それは、時間や物体の概念のように、いつとは知れない過去から存在し続けてきた概念かもしれないし、映画やロックといった概念のように、ごく浅い歴史しかもたない概念かもしれない。概念が明晰にされて行く過程で、もとの概念の同一性が失われるのではないかという懸念に対しては、概念の同一性を保つことは何ら重要ではなく、不明瞭な概念を明瞭な概念に置き換えることによって達成されることの方が重要だと答えられるだろう。不明瞭な概念を明瞭な概念に置き換えるという仕方の分析のことをカルナップは「解明 explication」と呼んだが、この方法をカルナップがフレーゲから学んだことは確実である。(7)「ドキュメンタリー映画」という、身近ではあるが明瞭とは言えない概念を、「主張と想定される映画」という、理論のなかで明確に規定される概念に置き換えることで、キャロルは、フレーゲ以来の分析哲学の標準的方法に従っているのである。

明晰であるとはどういうことか（二）――理解

概念の明晰化のもう一方のパラダイムがどのようなものであるかを説明するには、ひとつの比喩に訴えるのがいちばん手っ取り早い。そこで、唐突かもしれないが、

$$1 + 2 + \ldots + n = \frac{n(n+1)}{2}$$

が成り立つのはなぜかという問題に答えるつぎの二つのやり方を考えてほしい。第一の方法は、これを数学的帰納法によって証明することである。まず$n = 1$の場合公式が成り立つことを証明し、つぎに、$n = k$の場合に公式が成り立つと仮定してそれが$n = k + 1$の場合にも成り立つことを証明し、それゆえ、公式は正しいと結論するのである。これに対して第二の方法は、つぎのように数を並べてみることであ

る（これはガウスの子供時代の逸話のなかに出て来る方法である）。

$$
\begin{array}{ccccc}
1 & 2 & \cdots & n-1 & n \\
n & n-1 & \cdots & 2 & 1
\end{array}
$$

二つの行で対応する場所にある二つの数を足し合わせるとその結果はどこでも$n+1$になる。そうした場所が全部でn個ある。したがって、この二行に現れる数全体の和は$n(n+1)$である。第一行と第二行は同じ数列をたがいに逆の順序で並べただけのことだから、答えは全体の和の半分であることがわかる。

言葉で説明すると、第二の方法は何か回りくどいように聞こえるが、実際はその正反対である。1からnの数をこのような仕方で並べただけで、問題の公式がなぜ成り立たなければならないのかは完全に明瞭となる。いわばひとは、必然性を目の当たりにするという経験をもつのである。

概念の明晰化のもうひとつのパラダイムにとって、その理想は、こうした形の明晰さを獲得することである。しかし、哲学で問題となるのは、公式の正しさを納得することではない。このいみでの「完全な明晰さ」（『哲学探究』第一部一三三節）を追い求めたウィトゲンシュタインにとって、それは「哲学的問題が完全に消え去ること」（同）を意味する。哲学的問題とは、いったん正しい仕方で見られるならば消え去る謎である。nまでの自然数の和が一般に何であるかを知るのに定義や公理に訴える必要がないように、謎としての哲学的問題を解くのに理論に訴える必要はない。nまでの自然数をある仕方で配列してみるだけで十分だったように、すでに知られている事実をある仕方で配列するだけで謎の解決には十分なのである。「思い出すべきことをある目的のために取り集めること」が哲学者の仕事である（『哲学探究』第一部一二七節）。

第二のパラダイムに全面的に従う哲学者の数は多くない。しかし、このパラダイムを思い起こさせる要素を、第一のパラダイムのもとで仕事をしている哲学者の議論のなかに見出すことはそれほどまれなことではない。そのひとつの例として、スクリーン上にわれわれが見るのは運動であって運動の錯覚ではないことを擁護するカリーのやり方をあげることができる。カリーの論文のタイトルが示すように、かれが目指しているのは理論である。しかし、スクリーン上の運動が錯覚ではないことを示すのに、かれは特別な理論や定義に訴えたりはしない。そこでかれがしていることは、類似の場合をわれわれがどう扱っているかを思い出させることである。問題の議論は、より精密な視覚器官をわれわれがもっていたならば、スクリーン上にわれわれが見るのは静止した画像の連続にすぎないから、スクリーン上の運動は錯覚であるというものであった。こうした議論に引きずられないためにわれわれが思い出すべきこととしてカリーが挙げるのは、つぎの二点である。第一に、われわれとは異なる視覚器官をもつ存在にとってポストは赤くみえないかもしれないということであり、第二に、それにもかかわらず、ポストが赤くみえるのは錯覚だとわれわれは言わないということである。

しかし、哲学においては、「完全な明晰さ」を達成することは数学のようには行かない。カリーの二つの反論はどちらも、スクリーン上の運動の知覚と色の知覚との類比に基づいているが、別の哲学者は、この類比が重要な点で成り立たないと論じるかもしれない。ウィトゲンシュタインは、哲学で主張を立てたとしても、それは誰もが同意するようなものだから論争は生じえないと述べている（『哲学探究』第一部一二八節）。しかし、ここでかれは、「その主張が正しく理解される限り」という但し書きをつけるのを忘れている。理解ということが本質的に個人的なものである以上、ウィトゲンシュタインが求めるような明晰さは、科学のような共同作業を通じて社会的に実現されるものではなく、個人ごとに達成されるしかないものである。そして、すべてのひとが必ず同一の理解にたどり着くという保証はない。だが、それゆえここで問題となっている理解が主観的なものにすぎないということは帰結しない。なぜならば、ある個人が獲得した理解は、別の個人に伝達可能であり、そうした理解がすぐれているか劣っているかの判断もまた社会的に共有されうるからである。

概念の明晰化についてのこのパラダイムは、ウィトゲンシュタインに多くを負っている。ところで、ウィトゲンシュタインが哲学における理論を強く排斥したことはよく知られた事実である。では、「完全な明晰さ」を目指すウィトゲンシュタイン的な企ては、理論が中心的な役割を果たす第一のパラダイムと両立しえないものなのだろうか。一見したところ、両立しえないと考える理由はないように思われる。哲学的活動が最終的には理論を目指すと考える哲学者であっても、目指される理論の構成要素となる概念を明らかにするという作業が、理論の実際の構成に先立たなければならないことは進んで認めるだろう。そして、この段階でなされるべきことは、ありうる概念的誤解を取り除くことによって必要な明晰さを確保することであり、そこで重要なのは理論ではなく理解である。

ウィトゲンシュタインに戻れば、かれは科学理論に反対しているのではない。かれの反対はもっぱら「哲学的理論」に対してのものである。ただし、かれの見るところによれば、「哲学的理論」が科学理論であるかのように偽装されていたり、科学理論の一部に「哲学的理論」がこっそり入り込んでいたりする。したがって、理論へのかれの反対から科学理論は除外されていると言うだけでは事はかたづかない。それはともかく、「哲学的理論」がもたらすものは新たな概念的混乱でしかないというのが、ウィトゲンシュタインの主張である。現在の英語圏の哲学をみる限り、哲学的理論は至るところで盛んな成長を遂げているようにみえる。もしもウィトゲンシュタインの主張が正しければ、新たな概念的混乱がそこら中にまき散らされているはずであり、そして、それ以外にわれわれが得たものは何もないはずである。

この点についてウィトゲンシュタインは悲観的にすぎたのだと私は思う。たしかに哲学的理論は、いったん確保された概念をもとに先に進もうとするから、基礎における概念的混乱をさらに拡大する危険がそこにはある。しかし、理論を構成しようと試みることによって得られるものが何もないわけではない。それは、概念間の論理的関係を一歩一歩辿ることによって獲得される一種の「土地勘」である。それに対して、同じ土地を一望のもとに鳥瞰する地点に立つことが「完全な明晰さ」を目指すことであると言えよう。ある土地をよく知るために、この両方を試みていけないという理由はないだろう。

結びに代えて——明晰であるだけでは十分ではないか

ウィトゲンシュタインが、『論理哲学論考』の意味が「およそ語りうることはどれも明晰に（klar）語りうる、語りえないことについては沈黙しなければならない」ということに尽きると言ったことはよく知られている。そしてまた、この本の頃のウィトゲンシュタインにとって大事だったことは、語りうることではなく、むしろ語りえないことの方だったということも、いまでは周知のことだろう。

「語りうる」こととは、自然科学の命題であって、哲学とは何のかかわりももたない事柄である（『論考』六・五三）。よって、語りうることについての明晰さとは、科学において達成できる明晰さのことだとみなしてよいだろう。この種の明晰さが哲学と無縁であると考えられている点で、『論考』で言われているような明晰さは、『哲学探究』で理想とされている「完全な明晰さ」とは根本的に異なる。それはむしろ、「完全な明晰さ」と対比されるもうひとつのパラダイムのもとでの明晰さに近い。

科学におけるのと同じような明晰さを追求することが、分析哲学の原動力のひとつであったということは、疑いなく正しい。だが、この種の明晰さを追求する哲学者はおそかれはやかれ、あるジレンマに直面する。それは、概念的混乱が無事収拾され、理論が出発可能になったとたん、その理論はもはや哲学に属するものではなくなるというジレンマである。究極のところ、第一のパラダイムのもとでの明晰さを追求する哲学は、科学への途上にある何かとしてしか存在できない。「哲学的理論」へのウィトゲンシュタインの反対は、こう言い直せるかもしれない。すなわち、まだ哲学に属している限り「理論」は似非理論でしかなく、真正の理論ならばそれはもはや哲学に属するものではない、と。分析哲学は自らを哲学以外のものに変身させることに成功すればするほど、哲学として成功するというわけである。分析哲学が、哲学として何か欠けたところがあるという印象を完全に払拭できないのは、それゆえであり、明晰であるだけでは十分ではないという主張がもっともだと思われるのも、同じ理由に基づくものだろう。

だが、哲学がそれを目指すべきだと『哲学探究』で言われているような「完全な明晰さ」は、また別物である。こうした明晰さを希求することは、必ずしも西洋近代の産物ではなく、哲学の歴史とともにあり続けてきたことである。はたして、このいみの明晰さについても、明晰であるだけでは十分ではないと言えるだろうか。むしろこう言うべきではないだろうか——理論的な明晰さだけでは十分ではない。だが、それは、完全な明晰さを獲得するためのひとつの手段でありうる。そして、完全な明晰さ以上に何が要求できるのだろうか、と。

註

（1） Richard Allen and Murray Smith (eds.), *Film Theory and Philosophy*, 1997, Oxford University Press.

（2） *Frege: An Introduction to His Philosophy*, 1982, Harvester Press.

（3） *An Ontology of Art*, 1989, Macmillan; *The Nature of Fiction*, 1990, Cambridge University Press; *Image and Mind: Film, Philosophy, and Cognitive Science*, 1995, Cambridge University Press.

（4） *Theorizing the Moving Image*, 1996, Cambridge University Press. *Interpreting the Moving Image*, 1998, Cambridge University Press.

（5） Ray Privett and James Kreul, "The Strange Case of Noël Caroll: A Conversation with the Controversial Film Philosopher" (http://sensesofcinema.com/2001/film-critics/caroll/). キャロルは、自身のこうした態度が、かれがもともとピッツバーグ大学で科学哲学を専攻したことと関係があるとしている。

（6） この点、および、以下の議論においても、つぎに負うところが大きい。W. D. Hart, "Clarity" in D. Bell and N. Cooper (eds.), *The Analytic Tradition*, 1990, Basil Blackwell, pp. 197–222.

（7） フレーゲ「数学における論理」（『フレーゲ著作集　第5巻　数学論集』二〇〇〇年、勁草書房、所収）参照。

3 専門化する哲学の行方——分析哲学の現状と展望

「分析哲学」について何か一般的なことを言ったり書くことを求められるときに感じるこの居心地の悪さはどこから来るのだろうか。よく言われるように、「分析哲学」というのが何らかの哲学上の特徴を共有する哲学の流派を指すのだとすれば、そのような流派は存在しないということが関係していることは間違いない。しかし、私の場合はそれだけではない。居心地の悪さのいちばんの原因は、「分析哲学」という名称を自分で用いることが、他人の目で自分を見ることを強いられるからだと思われる。これこそが哲学のあり方だなどと主張することはおろか、自分が何か特定の哲学のあり方を採用しているなどとは思っていないにもかかわらず、実際のところは、ごく偏った見方しかしていないのだと思い知らされることは決して愉快な経験ではない。とはいえ、ここは我慢して、「分析哲学」の現状と展望について、できるだけさめた目で見ることを試してみよう。

まずはやはり「分析哲学」をどう特徴づけるかということから始めるよりない。一見皮相に見えて、また、実際皮相なのだが、たぶん他の特徴づけよりも当たっていると思われるのは、「分析哲学」を、英語圏、とくにアメリカとイギリスのアカデミズム、つまり、大学の哲学科において主流となっている哲学と特徴づけることだろう。さらに、この間に急速に進行した英語の国際語化によって、「分析哲学」はひょっとすると、世界規模で見た場合でも、アカデミズムにおける主流の位置を獲得しつつあるのかもしれない。

国際化とともに、現在の英語圏のアカデミズムの主流の哲学を大きく特徴づけているのは、専門化である。専門化は、人文系の学問であってもアカデミズムでは不可避だが、哲学における状況は、そうした生易しいものではなく、理系における専門化ほどではなくとも、それに近いものがある。つまり、現在の分析哲学は、「ノーマル・サイエンス」と化した哲学がどのようなものであるかを教えてくれる。それは、ほぼ次のように進行する。まず、哲学のなかのある分野のなかでのひとつの問題が取り上げられる。同じ問題を扱った論文は、最初は散発的に存在するだけである。しかし、何かをきっかけとして、その同じ問題を扱った論文が短期間のあいだに多数書かれ、その問題をめぐってアンソロジーが編まれたりモノグラフが出版されたりするようになる。こうして、ここにひとつの新しい小分野が生まれ、そこでの議論状況のサーベイが現われ、学生はそれを手がかりに関連文献を系統的に読むことを奨励される。

ひとつ具体的な例を紹介しよう。相対主義というのは、それこそ古代ギリシアのむかしから哲学における重要なテーマのひとつであったし、現代においても、ポストモダニズムや社会構成主義といったものを持ち出すまでもなく、時代の雰囲気を表す考え方として、一方では積極的に主張され、他方では攻撃の対象となってきたものである。英語圏のアカデミズムの主流の哲学はおおむね相対主義に対して批判的であり、相対主義のさまざまな形態のなかには許容できるものもあるとしても、一般に支持されているような相対主義は極端なものであって受け入れがたい帰結をもつと論じてきた。なかでも、すべての真理は相対的であるとする「グローバルな相対主義」を主張することは決して整合的ではありえないという点に関しては、幅広い合意が存在した。

一九八〇年代より、主に言語哲学に属する概念や手法を用いて、こうした真理に関する相対主義を吟味する試みが、いくつか現れるようになった(1)。一九九〇年代の末には、真理に関する相対主義を、様相論理とその意味論のような形式的道具立てを用いて定式化する試みも現れた(2)。

しかしながら、相対主義の問題のなかから、相対的真理という主題が、独自の小分野を形成するまでになったのは、二〇〇〇年代になってからである。二〇〇二年には、この主題を扱ったモノグラフが現れた(3)。二〇〇三年には、相対的真理という観念が、言語哲学において重要な役割を果たしうるとする、その後の議論に対して大きな影響力をもつようになった論文が現れた(4)。二〇〇八年には、『相対的真理』と題されたアンソロジー(5)が出版されたが、これには十六人の哲学者が寄稿している。そして、その翌年には、相対的真理という観念を批判するモノグラフが出版された(6)。分析哲学者のあいだで、現在もっとも広く参照されていると思われるオンラインの哲学事典である「スタンフォード・エンサイクロペディア・オブ・フィロソフィ」にまだ「相対的真理」の項目は立っていないが、そうなるのもそれほど先のことではないと推測できる。

同様の例は、他にいくつも見出すことができる。各々の小分野において、その分野をリードする個人の哲学者はいるにせよ、哲学とはいまや、同じ問題に興味をもった哲学者の集団によってなされる共同のプロジェクトの集積という形で存在しているようにも思われる。私自身は、こうした哲学のあり方が悪いものだとは思わないが、それがいくつかの問題を生み出していることも事実だと考える。

まず、専門化がそもそも可能であるということは、さまざまな形の前提が、その専門の研究者のあいだで共有されていることを意味する。相対的真理をめぐる最近の議論で言えば、そうした前提のなかには、タルスキ以来の真理概念についての議論とそこで標準的に使用される手法や、可能世界意味論をきっかけに発展してきた、自然言語の文脈依存性を扱うための形式意味論の方法が含まれる。ここには、単なる方法論上の問題だけでなく、真理という概念についての特定の理解もかかわっている。こうした理解を共有しない者にとって、現在進行しているような相対的真理をめぐる議論がどれだけの価値をもつだろうか。

同様の問題がもっと露骨な形で現れるのは、「こころの哲学」や「分析的形而上学」と呼ばれる分野においてである。前者に属する議論の大部分と後者のある部分は、科学主義的な自然主義とでも言うべき世界観をその前提としているように思われる。この世界観そのものを疑問視する哲学者に、こうした分野全体が無意味なものと見えても不思議ではない。

だが、別の見方も可能かもしれない。すなわち、各々の専門的探究は、ある一定の哲学的前提から出発した場合に、どれだけのことが達成できるのかを具体的な形で示すものであり、それは、翻ってもともとの前提の妥当性を判断する助けになるとする見方である。そして、このような見方に、「分析哲学」

の分析哲学らしさを見出すこともできる。かつてなされた哲学的主張の多くは、その主張を採用することからどのような帰結が出て来るかについての漠然とした見込みを伴うだけであった。それに対して、いまや具体的にどのような帰結が出てくるかを仔細に見ることができ、異なる理論的選択肢から何が結果するかをもまた具体的に知ることができるというわけである。

私自身は、こうした見方に同情的であるが、ここで哲学の専門化のもつもうひとつの問題が出て来る。それは、哲学とは、もともと専門的な知ではなかっただけでなく、そもそも専門的な知であってはいけないのではないかという疑念である。

現在進行しているような分析哲学の専門化は、「結果」を生み出すことを価値の唯一の尺度としているようなアカデミズムのなかで生き延びるためには有効な方針なのかもしれない。しかし、哲学は、ひとにぎりの「専門家」のためにあるのではなく、すべてのひとのためにあるのではないだろうか。このことは、数学の場合とくらべてみれば、はっきりする。数学を専門にすることは、学問一般について言えることだが、興味と能力をもつかという問題を抜きにすれば、すべてのひとに開かれている可能性である。しかしながら、すべてのひとが、数学者が問題とするような数学の問題に自分の問題として、つまり気になって仕方がない問題として出会うということはないだろう。それに対して、哲学の場合はどうか。すべてのひととは言わないまでも、多くのひとは、一生のうちのどこかの時点で、哲学の問題に自分の問題として出会うのではないだろうか。そのようにして哲学の問題に出会ったひとに、専門化した哲学はどのように応接することができるだろうか。

私がここでこれまで書いてきたことと矛盾するようにみえるかもしれないが、この問いに対する私の答えは、哲学における「専門化」は実はそれほどの専門化ではないのだというものである。哲学を学ぶこととは、きちんと考えることを学ぶことである。どのように専門的に見える議論であっても、それがまだ哲学に属している限りは、こうした「きちんと考えること」の延長上にある議論であるはずである。つまり、哲学の「専門家」は、物理学や数学の専門家とは違って、ひとがきちんと考えようとするときにすることと同じことをしているのにすぎない。もしも誰か哲学の「専門家」ではないひとが、ある哲学的問題に興味をもって、いまどれだけのことがその問題についてわかっているかを知りたいと思うならば、手間と暇さえ惜しまなければ、そうすることは可能なはずであり、そうでなければならない。哲学の分野とされているもののあるものについて、そのような可能性が開かれていないのならば、その分野はもはや哲学に属するものではないと結論すべきだろう。現在の分析哲学のなかで次々と出てきているさまざまな小分野のうちのどれだけがまだ哲学のなかにとどまっているかどうかは、興味深い問題であるが、私が予想する答えは「ほとんどすべてが」というものである。

註

（1） C. Swoyer, "True for" in J. Meiland and M. Krausz (eds.), *Relativism: Cognitive and Moral*, 1982, University of Notre Dame Press. H. Siegel, "Relativism, truth, and incoherence" *Synthese* 68（1986）225-259.

（2） S. Hales, "A consistent relativism" *Mind* 106（1997）33-52. その批判として、次をも参照。T. Shogenji, "The consistency of global relativism" *Mind* 106（1997）745-747.

（3） M. Kölbel, *Truth without Objectivity*, 2002, Routledge.

（4） J. MacFarlane, "Future contingents and relative truth" *Philosophical Quarterly* 53（2003）321-336.

（5） M. García-Carpintero and M. Kölbel（eds.）*Relative Truth*, 2008, Oxford University Press.

（6） H. Cappelen and J. Hawthorne（eds.）*Relativism and Monadic Truth*, 2009, Oxford University Press.

4 分析哲学は哲学になったか

哲学的教養としての分析哲学

——飯田さんの『言語哲学大全』の第一巻が出版されてから今年で三十年になりますが、その間に分析哲学にどんな変化があったでしょうか。

分析哲学そのものの変化ということもありますが、日本の場合にとくに強く感じるのは、哲学一般のなかでの分析哲学の位置の変化ということです。それは主に、アカデミックな哲学のなかでのことですが、これまでの日本のように、哲学において、人文系の一般書の出版を含めた広い意味でのジャーナリズムが果たしてきた役割の大きさから言って、必ずしもアカデミックな世界だけにとどまるものではありません。何をもって基本的な哲学的教養とするかについての変化が、哲学のなかでの分析哲学の位置を変化させることになったと私は考えますが、この変化は、分析哲学がより魅力あるものになったということによるのではなく、哲学としての分析哲学とは無関係な外在的な要因によるものです。

第一に、一九九〇年代に全国の大学で教養部が廃止され、いわゆる教養教育が大きく変わったことがあります。「哲学」という名称の科目は、教養教育の中心と言わないまでも、なくてはならないものでした。それを開講することが自明ではなくなると、なぜ哲学を教えるのか、教えるとしたら何をどのように教えるのかといった問いに答える必要が出てきます。そして、それまで教養部での哲学を担当してきた教師の多くが気付いて愕然としたように、大学に入ってきた学生の大半は、昔の西洋の人間が何を考えたのか——それを言えば、昔の東洋の人間でも同じですが——などということに関心をもったりはしないのです。そこで、哲学が教養科目として残った場合、その内容としては、西洋の大哲学者を紹介するよりは、いくつかの基本的な哲学的問題への導入という形をとる方が、まだましだと考えられました。これが、歴史中心ではなく問題中心の哲学である分析哲学と親和性が高いことは明らかです。

第二に、一九九〇年前後に起こったロシアおよび東ヨーロッパでの社会主義体制の崩壊ということがあります。敗戦直後から一九七〇年代に至るまで、マルクス主義は日本の哲学で大きな影響力をもっていました。それは単にジャーナリズムにおいてというだけでなく、大学や学会といった場所でもそうでした。ヘーゲルを中心とするドイツ観念論の研究が日本の大学であんなに盛んだったのは、それを理解することがマルクスやエンゲルスの哲学を理解するのに役立つと思われたからにほかなりません。マルクス主義、あるいは、マルクス主義そのものには批判的であっても、その志向を評価する思想——フランス仕込みの思想の多くがそうだったと思いますが――に同調する哲学者にとって、結局のところ、正しい哲学はすでにその大枠において見出されていて、後はそれを正しく理解して、自分たちの現実に合わせて修正するだけだということになるでしょう。こうした思考法が信用を失ったことによって、社会や歴史の全体を相手にするような理論はもたないけれども、自分の言葉で哲学を語ろうとする著者の声が聞かれる可能性が開かれたのではないでしょうか。こうした著者たちの仕事は必ずしも分析哲学としてくるべきではないでしょうが、たとえば、大森荘蔵さんの仕事と重なるところが多かったりするといったところに見られるように、分析哲学とつながるものだと思います。

第三に挙げられるのは、医療倫理（バイオエシックス）をはじめとするさまざまな応用倫理の移入です。この分野はもともとアメリカに発して一九七〇年前後に制度化されたものですから、アメリカの大学における倫理学の研究伝統に根ざしています。そして、もちろん、この伝統とは分析哲学のなかで形成されたものです。医療倫理が日本に紹介されたのは一九八〇年代の半ばだと思いますが、それは、ヘーゲルやキルケゴールを研究していたような若い研究者に、倫理的問題が分析哲学のなかでどのように扱われるかを知る初めての機会を与えたはずです。

つまり、以上のような事情から、分析哲学的な問題設定と議論のスタイルは、少なくとも、基本的な哲学的教養の一部として知られるようになったと思います。

分析哲学は哲学になったか

――分析哲学が「科学哲学」(1)という名前で知られていた頃、それは哲学ではないと言われていたと、以前にお書きになっていますが、そうすると、分析哲学は哲学の一部として認められたということですか。

問題は、分析哲学的なものについての知識が哲学的教養の一部になったとは言えても、分析哲学的な問題設定を自分で引き受け、そのスタイルで考えることが哲学的教養の一部となったとまでは言えないことです。その証拠は、日本における哲学史研究の現状です。哲学史は、哲学教育のなかでこそ以前のような中心的位置を失いましたが、アカデミックな哲学研究のなかでは依然として日本の哲学研究の中心を占めています。英語圏では、すでに一九七〇年代までには、過去の哲学者の著作を哲学的論証の集積とみなし、その明示的定式化と妥当性の検討というスタイルの哲学史研究が標準的になっていました。もっぱら論証だけを問題とするような哲学史研究のやり方には批判も多く出され、現在では、過去と現在との距離を重視し、分析的道具の適切さにも配慮した、歴史的にも論理的にもずっと洗練されたものになっています。しかしながら、哲学史研究が、現在の哲学における問題設定や議論と密接に関連するという意識は強くあり、それゆえに、優れた哲学史研究を読むことは、哲学的にも大きな興奮を与えてくれるものです。

日本で現在なされている哲学史研究は、もちろん例外もたくさんありますが、その哲学者なりその時代なりの専門研究者にしか理解できないようなスタイルで書かれているものが目につきすぎます。過去の哲学を知ることは、現在では忘れ去られていたり、発展させられることなく、そのままにされていたような思考の可能性を知ることだと思います。そうした可能性を、特殊な専門家以外にもわかるような仕方で表現するための枠組みを分析哲学は提供してくれます。これを利用しない手はないと私は思うのですが、そうしない研究者がこんなにいるというのは、分析哲学について知ってはいても、そこで当たり前になされているような仕方で哲学的問題を分析的に考えるということをまだ自分とは疎遠、もっとはっきり言って、哲学とは疎遠なものと考えている哲学研究者がまだ多いからなのではないかと私は危惧します。

哲学史に限らず、哲学は多様な主題を扱うので、専門化は避けられないことですが、哲学の大きな特徴は、哲学の問題は互いに関係しあっていて、どの哲学者の考えたことも他のどの哲学者の考えたことと関係しうるということですから、専門を超えて議論ができるような哲学の言葉があるべきです。一世紀以上にわたってさまざまな変化を遂げ、当初それが扱っていた狭い範囲の主題から、哲学の全域にわたるまでの語彙と議論の蓄積をもつ哲学として、分析哲学以上に、これに適したものはないと思うのですが。

――しかし、「分析哲学」が、そんな広がりをもつ哲学であるとは一般に思われていないのではないでしょうか。

これは私の世代にも責任があると言えば、思い上がりだと笑われるかもしれませんが、言語哲学や科学哲学が分析哲学のフィールドだという印象が未だに強いからでしょう。しかし、ロールズの『正義論』が出版された一九七〇年以降、分析哲学的教養は政治哲学や社会哲学でも不可欠のものになって久しいですし、美学においても同様であることも少しずつ知られてきていると思います。そして、何よりも現在国際的な規模でなされている――と言っても、現在では、これは実は、英語を通じてなされているということにほかならないのですが――、とりわけ、古代ギリシアと、デカルトからニーチェまでのヨーロッパ近代哲学を対象とする哲学史研究に分析哲学が浸透していることは明らかです。しかも、ここで大事なことは、ここで私が言っている分析哲学とは、一九七〇年代までの、もっぱら論証や概念分析にこだわるものではなく、よりずっと広い範囲の事柄をも考慮に入れる柔軟性をもつものになっていることです。

こう言うと反対する人が多いでしょうが、本当のところを言えば、「分析哲学」から「分析」という形容がまだ取れていないというのがおかしいと思うのです。人が「分析哲学」と言っているものは哲学以外のなにものでもないと思います。ですから、かつて「科学哲学」と呼ばれていたものが哲学ではないと言われたのとは別の意味で、分析哲学が哲学になっていないことが、現在の日本における哲学の不幸だと言いたいのです。

プラトンであろうが、カントであろうが、ウィトゲンシュタインであろうが、いずれにせよ、「誰かの哲学」といったものしか、哲学ではないと考えている人が多すぎます。分析哲学ほど、誰かの哲学ではない、しかし、誰の哲学であろうが、それを最初から拒んだりせず、その検討と議論のために開かれている場所はありません。ここでも、分析哲学についての誤った固定観念が大きく関係しています。過去の哲学を全否定するようなことは、大昔の論理実証主義の頃に限られていて、少なくとも一九五〇年代以来、過去の哲学者の著作を再評価することによって、それを現在の哲学シーンによみがえらせることに寄与したのは、分析哲学者と呼ばれる人々でした。プラトンとアリストテレスを中心とする古代ギリシア哲学、また、カントのさまざまなテキストがいま盛んに研究されており、歴史的にも、また、理論的にも、めざましい成果が挙がっていますが、これは皮肉にも「非歴史的」あるいは「反歴史的」とも思われている分析哲学の影響なくしてはありえなかったことです。こうした傾向はさらに大きな広がりを見せており、しばらく前からはヘーゲルが、また最近は、ニーチェまでもが、英語圏を中心に、同様の手法で研究されるようになっています。しかし、日本の現状を見るとき、すでに国際的な研究コミュニティの一部となっているギリシア哲学研究以外の分野では、こうした種類の研究の価値は正しく認められていないようにみえます。

ポスト・クワインの哲学

――では、この三十年ぐらいのあいだに、日本とは限らず、分析哲学そのもの、あるいは、哲学そのものの、とくに理論的な部分に生じた変化についてお聞きします。

『言語哲学大全』の最後の巻は二〇〇二年に出たのですが、その二年前にクワインが亡くなっています。その後、デイヴィドソンとダメットが亡くなり、昨年（二〇一六年）にはパトナムも亡くなりました。

わが国について言えば、大森荘蔵さんが一九九七年に亡くなっています。人はいつまでも生きられるわけではありませんから、これは予想されていたことでしたが、それでも、こうしたビッグネームを失うことが影響を与えないわけはありません。また、分析哲学は「誰かの哲学」ではないということが正しいにしても、そのときどきで大きな影響をふるう哲学者がいないわけではありません。そして、いま名前を挙げた哲学者はどれも、そうした人たちでした。

そのなかでもクワインの影響力には、とりわけ大きなものがありました。かれの哲学をどう評価するかは、この三十年どころか、その倍にもなる期間ずっと議論になってきました。しかし、かれの死後に目立ってきた傾向としては、論理や存在論についてかれが取った主張へのきびしい批判がある一方、かれの哲学観が現在の哲学のあり方に強い影響を与えているということがあると思います。

クワインが亡くなった、二一世紀への変わり目のあたりで、よく目にしたり耳にしたのは、「ポスト分析哲学」という標語でした。パトナム、それから、ローティ――かれも二〇〇七年に亡くなりました――は、二人とも、分析哲学の後に来るものを予告する哲学として、ウィトゲンシュタインとプラグマティズムを挙げていました。こうした方向で現在仕事をしている哲学者もいますし、そうした人たちの仕事のなかには、とても感心させられるものもあるのですが、二一世紀に入って急速に進んだ哲学のグローバリゼーション――それは、英語の優位と専門化のさらなる進行という形で表れています――のなかでは、それほど目立たないままのように思われます。

その代わりに、この間ずっと進行してきたのは、言語哲学や倫理学や美学といった哲学の大きな分野ではなく、そうした分野のなかの個別の問題に特定化した形の専門化です。それはたとえば、自分の専門を、認識論と考えるのではなく、ゲティア問題[2]だと考えるような哲学者が増えてきているとも言えるのではないでしょうか。他方、一見したところ、こうした専門化とは対立するようにみえるのですが、哲学と科学との境界はしばしばはっきりしなくなっています。

この二つの傾向が対立するものではなく、むしろ当然であることは、具体的なケースを見れば納得できるでしょう。「スペクトルの逆転」という話を聞かれたことがあるでしょう。もしもある人が、ほかの人々とは異なった仕方でものの色を受け取るように、生まれつきなっているならば、言葉は他人から習うのですから、みんなが「赤」と呼ぶものを「赤」と呼び、その他の色についても同様だとしても、実際にその人が、赤いものを見ているときに感じている色は、ふつうの人が見れば、たとえば、「緑」としか言えないような色であるという可能性があるように思えます。二十年ほど前ならば、こうした可能性が論理的な矛盾を含まないということさえ言えれば、あとは、それからどんな帰結が、認識論一般に関して出てくるかといったことを議論して、それで満足していたでしょう。しかしながら、現在では、こうしたおおざっぱなやり方は許されないに違いありません。何よりもまず、スペクトルの逆転といったことが、現実に起こりうることなのかを、きちんとした経験的考慮に基づけて検討することが必要だと言われるでしょう。つまり、心理学や脳神経科学といった、現在の色彩科学に関連するさまざまな科学からの知見を参照することなしには、議論ができないということです[3]。

スペクトル逆転の問題は、一方でクオリアの問題につながりますので、こころの哲学の中心問題のひとつと関係しますが、他方では、「色とは何か」という問題に導くものでもあります。この問いは、まさにこの三十年間のあいだに、頻繁に議論されてきたものです。一九八八年に出版されてその後の議論に大きな影響を与えた本に『哲学者のための色』という本(4)がありますが、この本の一番の教訓は、色について哲学的に論じたいのであれば、色の科学をマスターしなければならないということでした。こうした例に事欠くことはありません。色の哲学は、知覚の哲学の一部ですが、この分野はすべて同様でしょうし、数学の哲学、物理学の哲学、生物学の哲学といった、個別科学の哲学はすべて、対象とする科学の部分をマスターしていなければ、哲学としても実りあるものにはなりません。

こうしたことすべては、クワインが奨励した「認識論の自然化」——認識論とは心理学の一部分となるべきである——に限らず、もっと広い範囲にわたって、哲学の自然化が進行しつつあることを示しています。クワインが採った教説の多く——たとえば、「一階古典述語論理だけが論理である」、「必然性や本質のような様相的概念は意味をなさない」——に賛成する哲学者はいまはほとんどいないと思いますが、哲学は科学と地続きであるというクワインの哲学観は、いま挙げたような哲学の分野においては、当たり前のことになっているようです。

——言語哲学についても「自然化」ということが生じているのですか。

ええ。言語哲学の実際のあり方も、この三十年のあいだに大きく変わりました。この違いはたぶん、『言語哲学大全』の最初の三冊と最後の一冊のあいだにも現れています。この最後の巻では、真理と意味という言語哲学上の二つの基本概念のあいだの関係がテーマですが、そこでの議論は、日本語に見られるような具体的な言語現象に即した形で行われています。したがって、それ以前の巻とは違って、言語学や日本語学での研究もしばしば参照しています。つまり、言語哲学もまた、言語学と連続した領域だというわけです。実は事態はそれ以上に進行していて、かつては言語哲学者が、自分の考えたいくつかの例をもとにして議論していた話題のほとんどすべてが、いまは言語学者によって、多くのデータをもとに詳細に論じられるようになっています。言語哲学はもはや言語学の一部になってしまったのではないかという感じをもつときさえあります。

人文学としての分析哲学

——専門化は、哲学の分野を、哲学のなかの他の分野につなげるよりも、その分野に関係する科学に近づけることになるわけですね。

哲学のある分野が科学と連続するようになると、その探究の成果の発表も科学と同様の仕方でなされることになります。現在の科学では、その成果を、事実上の国際語である英語で発表するのでなければ意味がないというまでの状況になっていますから、専門化した哲学の分野においても、発表は英語によってなされるべきだということになるでしょう。これは、ある程度までは仕方のないことですが、ひとつ深刻な問題を引き起こします。それは、人文学、あるいは、広い意味での文学に属するものとしての哲学がなくなってもよいのかという問題です。私自身は、もしもそうなるようなことになったならば、ひどく寂しいだろうと思いますし、また、ただ寂しいかどうかだけの問題ではなく、これはうまい言い方が見つからないのですが、人文学あるいは文学としての哲学というものは、文化にとって必要なものだろうと強く思います。

ここでも世間のイメージとは違って、分析哲学にもそうした人文学的側面があるということを強調しなければなりません。先に述べた哲学史研究における分析哲学の貢献を思い出してください。過去の哲学を過去に埋もれたままにせず、そこに現在では見失われてしまった思考の可能性を見出し、当時の人々には知られていなかった分析的道具を用いて、それを具体化させたり、さらに発展させたりすることは、哲学の現在の営みに歴史的な厚みを与えることです。自分がいま考えていることが、ときには二千年以上も前の、場所も時代も言葉も異なる人々が考えていたこととつながっているという意識こそ、人文学的研究が与えてくれるものでしょう。

また、明白でありながら、ほとんど指摘されない事実として、次のことが挙げられます。すなわち、現在のわれわれが、哲学の議論のためにそれほど不自由を感じないですむような日本語を所有しているのは、漠然とそう考えられているよりはずっと後、つまり、第二次大戦後に分析哲学の影響のもとで哲学を始めた世代の哲学者のおかげによるところが大きいということです。私自身、こうした人々の文章がなく、西田幾多郎とその系統の哲学者のものとか、ドイツ観念論の翻訳とかしかなかったならば、そもそも哲学に興味をもたなかったでしょう。大森荘蔵さんは「散文の哲学」ということを言われましたが、日常の言葉からあまりかけ離れない言葉で哲学を語ることができるようになったのは、かなりの部分、分析哲学的な志向をもった哲学者のおかげです。とはいえ、既に戦前に不十分ではあっても、実際に使われていた哲学的語彙が存在していた事実がなければ、そもそもこうしたことは可能とならなかったことを付け加えておきます。

――しかし、グローバル化している哲学の現状では、日本語で哲学論文を書くことには意味がないのだから、哲学のための日本語などというものは、もう必要ないということになりませんか。

たしかに、三十年前とは違って、いま専門的論文を書くことは、日本語で書いていても、国際的に進行している議論の一部となりうるものでなくてはならないでしょう。とくに英語で仕事をしている哲学者の仕事を批判するような論文を書くのならば、相手が理解できるような言語で書かなければ無意味です。しかしながら、哲学を日本語で書くことには意味があると思います。それは、哲学が人文学の一部であるということから来ます。

まず第一に、哲学のなかの一部の分野が専門化していると言っても、それは専門化する理由があったからのことで、哲学が扱うどのような話題についても専門化が必要であるとは思えません。私たちが日常出会う事柄のすべてが哲学の話題となりえます。たとえば、私たちの暮らしの基本を作っている衣食住ということを取り上げましょう。このどれについても、社会学なり、文化人類学なり、歴史学なりといった学問からの知見は重要ですが、そうした知識を得ることだけでは答えられないような問いを考えることはあるのではないでしょうか。たとえば、食べ物の好みは人によって大きく違いうることを知っていながら、私がおいしいと思う料理を、他人にも勧めるのはなぜなのだろうかとか、暑さや寒さからからだを守ることができて、着心地がよいというだけが、服を選ぶ唯一の基準ではないのは、なぜだろうかといった問いです。こうした問いは哲学の問いです。そして、こうした問いを考えるのに、日常の思考からかけ離れた概念や理論を持ち出すことは、あまり役に立ちません。分析哲学の流れをくむ哲学は、日常の思考から出発して、必要に応じて、それを無理ない仕方で拡張することができます。

いま挙げたような種類の問いは、結局のところ、意味にかかわる問いです。ただし、ここでの「意味」とは、「言葉の意味」と言うときの意味ではなく、「人生の意味」と言うときの意味です。この意味での意味についての問いは、哲学の専門家だけが考えるような問いではなく、人ならば誰でも考える問いです。哲学の専門家は、専門家以外の人がこうした問いを考えるときに助けとなるような概念なり考え方を日常の言葉で提供することができるはずですし、そうでなくてはなりません。つまり、哲学の一部がどんなに専門化していて、もっぱら国際語を通じてのみなされているとしても、日常語での哲学は必要だということです。現在、哲学における事実上の国際語となっている英語は、他の分野でもそうですが、日常語ではなく、もともとの言語を異にする人々のあいだのコミュニケーションのために変化させられた人工的な言語にすぎません。

日本語と論理

——では、最後になりますが、最近どんなお仕事をされているのかについてお聞かせください。

いくつかのテーマがあるのですが、なかでも自分の仕事の中心だと考えているのは、日本語のなかで量化がどのような仕方で実現されているのかを明らかにすることです。この問題は『言語哲学大全』の最初の巻を書いていたときから気になっていたことです。そこではラッセルの記述の理論を取り上げましたが、冠詞をもたず単数と複数の体系的な区別もない日本語でラッセルの理論を説明するにはどうしたらよいかということから始まり、ひいては、日本語のような言語にとってラッセルの理論は果たして意味があるのだろうかといったことまで、いろいろと気になりました。また、授業で初歩の論理学を学生に教えるということも毎年やっていましたので、日本語と論理学の標準言語——一階述語論理の言語——との関係についても考えさせられました。

しかしながら、この問題に本格的に取り組み始めたのは、一九九九年あたりからだと思います。この翌年の春に科学研究費の成果報告書としてまとめたものが、日本語における量化についての私の最初の——まあ「理論」と言ってよいのかどうか怪しいのですが——理論です。いま見直すと、いろいろと至らないところだらけで恥ずかしい出来ですが、ともかく日本語を形式的に扱うことがまったくの不可能事ではないという思いをもたせてくれたものとして、私にとっては意味がありました。

この最初の試みは、スティーブン・ニールの『記述』(一九九〇年)[5]に触発されたところが大きく、したがって、この本がその枠組みとして採っている「一般化された量化子の理論 Generalized Quantifier Theory」のなかで日本語の量化表現の意味論を与えようとするものでした。さまざまな不備がこれにあったことは、いま述べた通りですが、そのなかでも大きな問題になったのは、複数性の問題でした。日本語には単数と複数に関する体系的区別がありませんから、「学生が来た」と言われただけでは、この「学生」が一人の学生を指すのか、それとも、二人以上の学生を指すのかは、コンテキストに頼るしかなく、また、そのどちらであるかを決定する必要のないこともしばしばです。言語学の方では、その頃すでに、複数的対象をメタ言語の存在論に導入することによる複数性の意味論がありましたので、初めはそれを使っていました。

その頃、佐藤徹郎さんと私のこうした試みについて話していたとき「新しい論理が必要なのでは」と言われたことがありました。佐藤さんは新しい論理などということを軽々しく言わない人なので、一瞬はっとしたことをいまでも覚えています。いずれにせよ、複数性の扱いについて、いろいろと文献を調べているうちに、何人かの哲学者が複数論理というものを開発していることを知りました。そのうちのひとり、ビョン＝ウー・イー（Beyong-uk Yi）さんとは個人的にも知り合いになりました。論理そのものを変更するということには、さすがに抵抗があったのですが、次第に、これこそが日本語について考える際にもっとも適した論理であると確信するようになりました。たとえば、この論理をメタ言語で採用すれば、「「学生」は、学生を指す」と言えますが、通常の論理がメタ言語での論理であるならば、その代わりに「「学生」は、学生から成る集合を指す」とか「「学生」は、学生を構成要素とするメレオロジカルな和を指す」などと言わなければなりません。

たいへん興味深いことに、複数性の問題に対して複数論理で対処すべきだと言う人は哲学者であり、集合やメレオロジカルな和のような複数的対象を用いて標準論理のもとでそうすべきだという人は概して言語学者です。これは、自然化が進んでも、言語哲学と言語学とのあいだの違いがなくなっていないことを示すものではないでしょうか。枠組みそのものを問題にするのはやはり哲学者の方です。言語学で意味の問題を体系的に扱う分野は「形式意味論」と呼ばれますが、それは、数学の多くの理論について、それが定式化されるときに用いられる枠組み、すなわち、一階の述語論理のうえの集合論を用いています。一般量化子の理論などは、その典型です。私もこの枠組みを採用するのが当然だと以前は考えていました。複数論理を知ったことは、こうした先入見を打ち壊す効果をもちました。標準論理のみならず、集合論もまた、自然言語の意味論には適さないと、いまの私は考えています。

こうして、複数論理をもつメタ言語のなかで日本語の意味論を与えるという方針の下で、さまざまな試行を繰り返して、現在に至っています。ただ、自然言語はどれでもそうですが、日本語の意味論を作るというのは、少し作ってみては、不十分なところが見つかって、そこを手直しすると、今度は別のところに不具合が見つかって、それの手当てに回るといったことの連続です。ときには、それまでの理論を壊して、一から出直すということさえ生じます。現在私が成果と考えているものも、来年にはもう捨て去られているということがないとは言い切れません。というわけで、いつかまとまった形にしたいとは思っているのですが、そういう時が果たして来るのだろうかと考えるのもしばしばです。しかし、この二十年間を振り返ると、以前にはわからなかったことの多くが、ずっとよくわかってきました。そして、このことに深く満足しています。

日本語の意味論を作る

——具体的には、どんなことができているのですか。

いま言ったように、現在できていると私が思っていることが、実はそうではなかったと判明するかもしれないという但し書きを付けたうえでの話ですが、私がこの五年間ぐらいのあいだ書き続けている論文についてお話しします。実は、この論文は、いまでは三つの別々の論文にしようと思っています。そのうちの一つは、まだ改訂が必要ですが、ほぼできています。後の二つは、新しく書いているというよりは、以前に書いたものを改訂している途中なのですが、終わらせるにはまだしばらくかかりそうです――いつまで経っても終わらないという可能性はもちろんあるのですが、そうならないようにしたいと思っています。

ほぼできている論文というのは、日本語の名詞句にも「可算／非可算」の区別があると論じたものです。「可算」というのは、子供とか本のように、三人とか二冊とかと数えられるもので、「非可算」というのは、水や塩のように、一リットルとか二十グラムといったように測ることはできるけれども、コップや匙のような入れ物とは無関係に数えることはできないものです。標準的論理は、水や塩のような非可算なものを指す表現を含む文には適用できず、その点では、複数論理も同じです。したがって、標準的論理であろうが、複数論理であろうが、それを日本語に適用するためには、「子供」や「本」は、可算な対象を指す可算名詞であると言えるのでなくてはなりません。ところが、言語学のなかでは、ごく最近まで、日本語や韓国語のような言語には可算名詞は存在せず、名詞はすべて非可算なものを指すという説――「Mass Noun Hypothesis」と呼ばれます――が有力でした。しかも、興味深いことに、こうした説は、「人」や「冊」といった日本語の助数詞についてクワインが言ったことに由来するようなのです。一九九六年にクワインが京都賞を受賞したときのワークショップで、私は、クワインのこの説を取り上げて批判したことがあります。クワインは私の論点を受け入れてくれましたが、そこでの私の議論はいまから見ると不十分だったと思います。今回の論文は、それよりはずっと説得力があると思いたいものですが、要するに、日本語にも可算名詞は存在し、「子供」や「本」はその例だと論じたものです。

非可算名詞が現れる文を含む推論も扱えるような論理が目標なのですが、日本語にも可算名詞があるということが言えれば、標準論理、あるいは、その拡張である複数論理の日本語への適用ということは、はなから問題にならないということは避けられます。そこで、複数論理の枠組みを利用して、子供や本といった可算なものについての量化――そうしたものがどれだけあるかを言うもの――が、日本語では、どのようにして実現されているのか、そのメカニズムを明らかにするのが、現在書きかけの二つの論文の課題です。

――なぜ二つの論文なのですか。

それは、日本語の量化表現が、根本的に異なる二つの種類に分かれるからです。一方にあるのは「数量名詞」と呼ばれる種類の表現で、「二人」、「少数」、「二割」、「半分」、「大部分」といった名詞が中心になっている表現です。それに対して、もう一方にあるのは、「誰」、「どこ」、「どの～」といった表現と「も」あるいは「か」の組み合わせです。「二人の学生が来た」と「大部分の学生が笑った」は前者の例で、「どの学生かが答案を出していない」と「誰が出した答案もひどい」は後者の例です。前者のような量化を私は「数量名詞による量化」と呼びますが、後者のような量化についてはちょっと困ります。私がよく参照する日本語の文法書(6)では、「誰」「どの〜」のような表現は「疑問語」と呼ばれています。たしかに、こうした表現が疑問の表現に使われるということは、日本語では、量化と疑問の表現のあいだに密接な関連があることを示していて、とても重要なのですが、それだけにこの種類の語が量化にも使われることを排除するように見えない呼び名がほしいと思います。英語で日本語について書いている人たちは「indeterminate phrase」という言い方をしています。これを採用するならば、後者の種類の量化は、「不定詞による量化」とでも呼べるでしょう。

それぞれについて詳しく述べるのは退屈でしょうし、また、時間もないですから、簡単に言います。前者に関しては、数量名詞は、複数のものに同時にあてはまったり、あてはまらなかったりする述語──「複数述語」と呼びます──だというのが、基本的な考えです。「二人の学生が来た」という文の真理条件は、「二人」「学生」「来た」という三つの述語をすべて満足する複数の対象があることです。「二割の学生が来た」という文の場合、「二割」は、「二人」とは違って、それぞれ複数のもののあいだの関係、一方が他方の二割であるという関係を表しますので、もっと複雑になりますが、それほどむずかしくはありません。でも、いずれであっても、数量名詞による量化は、論理学に出てくるような量化とはずいぶん違ったものです。これに比べると、不定詞による量化の方は、普通の論理学での量化にずっと近いと言えます。それでも、「誰が出した答案もひどい」をちょっと変えた「誰が出したどの答案もひどい」といった文を扱うには工夫が必要だったりと、いろいろ違いもあります。さらに重要なのは、不定詞による量化についての理論は、同じ不定詞を用いた疑問文の意味論と接続できるものでなくてはならないことです。幸い、不定詞を含むような種類の疑問文については、標準的とも言える意味論がありますので、これを利用することができます。

これら二種類の量化を扱う理論は、その大枠においてできていると現在思っているのですが、先にも言いましたように、本当にそうかどうかは、細部を詰めて初めてわかることでしょう。問題は、何かとほかの仕事が入ってきて、そうする時間がなかなか取れないことです。しかし、それでよいのかもしれません。時間がたっぷりあるからといって、はかどるとは限りませんから。

——ここまで来ると、もう哲学の領分ではなく、言語学の領分のようにみえますが、これも言語哲学の自然化の当然の帰結ということでしょうか。

ええ。これは、クワインが「認識論の自然化」ということを言うよりも前に、「日常言語学派」の中心と目されていたオースティンが予言していたことでもあると思います。かれは、一九五六年に発表した論文のなかで、哲学者、言語学者、その他、言語の研究に従事する人々の共同によって、「真の包括的な言語科学」が誕生するだろうと言っています。(7) 実際、英語圏では、「形式意味論」と呼ばれる言語学の分野があって、この分野の言語学者と、言語哲学者のあいだに区別をつけることは、出身とか所属といったこと以外にはなさそうです。

先にも述べたように、言語哲学はもはや言語学の一部になってしまったのではないかと感じるときもありますが、これは言語哲学にとって決して失敗ではなく、むしろ成功にほかなりません。

ただし、日本語に関しては、英語圏で活躍している人の仕事を除けば、形式意味論的な研究はまだまだ少ないようです。あと私にとって意外だったのは、日本語で哲学をしている分析哲学系の人たちは概して日本語に興味をもっていないようにみえます。でも、これは私が間違っているのかもしれません。いずれにせよ、今後に期待したいものです。

追記　二〇二〇年一月

最後の節「日本語の意味論を作る」は、この章のもとになった文章を『現代思想』に掲載したとき、私自身の判断で削除したものである。幸い、この部分で紹介しているような日本語の意味論についての私の考えを、ある程度まとめて紹介する機会を最近得ることができた。『日本語と論理——哲学者、その謎に挑む』（二〇一九年、NHK出版新書）が、それである。ただし、これはあくまでも「中間報告」であって、私がずっと書き続けている論文は、そのどれも、ますます長くなる一方で、まだ完結しそうにはない。

註

（1）「日本の分析哲学」『哲学の歴史11　論理・数学・言語』二〇〇七年、中央公論新社、六七七〜六八二頁、本書第19章。

(2) 「ゲティア問題」とは、知識を、正当化された真である信念であるとする標準的定義に対して、一九六三年にゲティアが提出した反例にどう答えるかという問題である。ゲティアの論文は三頁しかなかったが、この問題について書かれた論文全体の頁数は、百倍はもちろん、ひょっとすると千倍に達するかもしれない。

(3) インターネット上の哲学事典であるスタンフォード哲学事典（Stanford Encyclopedia of Philosophy）の「qualia, inverted」の項目を見られたい。

(4) C. L. Hardin, *Color for Philosophers: Unweaving the Rainbow*, 1988, Hackett.

(5) S. Neale, *Descriptions*, 1990, MIT Press.

(6) 益岡隆志・田窪行則『基礎日本語文法　改訂版』一九九二年、くろしお出版、三九〜四十頁。

(7) J. L. Austin, “Ifs and cans” in J. L. Austin, *Philosophical Papers*, Second Edition, 1970, Oxford University Press, p. 232. 邦訳『オースティン哲学論文集』一九九一年、勁草書房、三七二頁。

II　フレーゲとウィトゲンシュタイン

5 フレーゲ

いまの時点から振り返って見るならば、二〇世紀の哲学を用意した哲学者として、ゴットロープ・フレーゲ（一八四八～一九二五）は、ニーチェ（一八四四～一九〇〇）と同じだけの重みをもつ存在だといえる。二〇世紀における哲学は概して、多かれ少なかれ、このどちらかの影のもとに営まれてきたと言っても過言ではない。それにもかかわらず、ニーチェの名前にくらべると、フレーゲの名前はまだまだなじみがないというのが実情だろう。それには、もっともな理由がある。というのは、フレーゲの仕事の影響は、哲学を、完全にではないが、かなりの程度テクニカルな分野にするという形で現れたからである。その結果、「分析哲学」と総称されるこの伝統のもとで書かれた哲学の本や論文の多くは、わざわざ一般向けに書かれたものでない限り、特別の訓練を受けていないひとが気軽に手に取って読めるといったものではなくなった。こうして、フレーゲの名前は、分析哲学の伝統のなかでこそ、あたかもプラトンやアリストテレスのそれに対するのと同様の最大の敬意をもって遇されるのに対して、そうしたサークルの外では、論理や数学の基礎の場面で先駆的な仕事をしたとはいえ、哲学全般にとっては、比較的マイナーな存在でしかないという認識が、いまだに一般的だろう。

しかしながら、分析哲学という哲学のスタイルを生み出したこととは別に、現代哲学にとってのフレーゲの重要性は、論理と言語についてのかれの透徹した思索が、「言語論的転回」と呼ばれることの多い、すぐれて現代的な言語への集中のきっかけとなった点ひとつを取っても、決してあなどれないものがある。二〇世紀の哲学をハイデガーとウィトゲンシュタインによって代表させるひとは多いと思われるが、ウィトゲンシュタインの哲学はフレーゲの存在なしにはありえなかったものである。フレーゲの著作が細かな穿鑿《せんさく》の対象となって久しいが、それは単なる歴史的な興味に由来するものではなく、フレーゲが扱っている問題の多くが、言語論的転回以後のわれわれの問題でもあるからである。

まことに幸運なことに、『フレーゲ著作集』全六巻（勁草書房）の刊行によって、われわれはいま、フレーゲの残した仕事の大部分を日本語で読むことができる。フレーゲの著作に向かうことによって、われわれは、現代的な哲学のスタイルが生まれるその現場に立ち会うことができる。結果的にフレーゲが生み出すことになったスタイルで書かれた哲学のなかには、無味乾燥なものもないわけではない——カルナップの後期の著作などが思い浮かぶ——のに対して、文章に関しては一家言をもっていたウィトゲンシュタインがしばしば嘆賞したと伝えられているように、フレーゲはほとんど常に、明晰さと深みの両方を備えた見事な文章を書いた。

さて、フレーゲそのひとの紹介に移ろう。かれは、その生涯の大半をイエナ大学の数学科という狭い社会のなかで過ごした。かれはもともと数学者としての訓練を受け、論理学および哲学におけるその仕事も、もっぱら数学の基礎にかかわる。実際、イエナ大学でのかれの職は、数学の教授であって、哲学の教授ではない。かれはたぶん自身のことを、哲学者であるというよりは、数学者とみなしていたのではないかと思われる。

一八七九年に出版された最初の著作『概念記法』（『フレーゲ著作集』第一巻に収録）は、アリストテレス以来の伝統的論理学に代わる、現代の論理学を体系的に提示したものである。この一冊だけでも、論理学史をそれ以前とそれ以後とに画するものとして、フレーゲの名前は学問の歴史に永久に残るだろう。論理学の革新は、学問全般に影響を与えうるものであるが、哲学への影響には圧倒的なものがある。言語哲学や数学の哲学にその影響が現れていることはもちろんのこと――実際のところ、現代論理学なしでは、現代的な言語哲学および数学の哲学は存在しえなかったはずである――、哲学の他の分野でも、それとは自覚されない場合も含めて、その影響はすみずみにまで浸透している。その理由は、フレーゲが自身の論理学とセットで作った、論理学のための言語にある。「概念記法」とは、かれが自身の言語に与えた名前であるが、この言語は現在では「述語論理の言語」という名前で知られている。それは、現在の論理学における標準言語にほかならない。したがって、どれほどゆるい形であっても分析的伝統の哲学とつながりのある哲学者にとって、述語論理の言語は、それに反発する場合であってさえ、哲学における標準言語としてはたらいているはずである。

『概念記法』の五年後に出版された『算術の基礎』（『著作集』第二巻）は、多くの人々から、フレーゲの著作中のみならず、哲学の全歴史を通じての屈指の傑作のひとつであると評価されてきた。いっさい記号を用いずに書かれた、このコンパクトな書物は、数に関する学問である算術は、論理学の一部であるという主張――「論理主義」と呼ばれる主張――を擁護するものである。この書物の前半では、数の本質に関する過去および同時代の哲学者や数学者の説が、徹底的な仕方で検討され、その結果却下される。フレーゲ自身による数の概念の分析と、それを論理学に基づける方法のスケッチが、この書物の後半を占める。ここにみられる、可能な理論的選択肢の詳細な検討と理論構成によって、自身の哲学的主張を裏付けるという手法は、分析哲学のスタイルを予告するものである。

フレーゲが自身のライフワークと目していたのは、全三巻から成るはずであった『算術の基本法則』(『著作集』第三巻)である。その第一巻は一八九三年に、第二巻はそれから十年後の一九〇三年に出版されたが、第三巻は書かれないままに終わった。これは、『算術の基礎』でその概略が素描された、論理学からの数論の導出を概念記法の言語のなかで遂行するはずのものであった。ところが、フレーゲにとってまことに悲劇的なことには、第二巻の校正の段階になってから、かれの論理体系の基礎に矛盾が潜んでいることを知らせるラッセルからの手紙が届いた。これが有名な「ラッセルのパラドックス」である。フレーゲは、パラドックスを避けるための方策を述べた「あとがき」を急遽書いて、第二巻の末尾に追加したが、それが解決とならないことを後になって――たぶん一九〇六年に――気付いたと思われる。生涯をかけた仕事がその土台から崩れ去るという目に遭うことほど悲劇的なことはない。このときフレーゲはまだ五十代の半ばにすぎず、それ以後の約二十年という余生のあいだ、かれはわずかな数の論文を発表しただけである。それでも、自身の論理的研究の決算として書かれた「思想」(一九一八年)、「否定」(一九一八年)、「複合思想」(一九二三年)という三篇の論文(これはさらに続く予定であった)には、いかなる知的衰退も認められない。これらの論文は、『算術の基本法則』に先立って発表された三篇の論文「関数と概念」(一八九一年)、「意義と意味について」(一八九二年)、「概念と対象について」(一八九二年)とともに、フレーゲの著作のなかでもっとも近づきやすいものかもしれない(すべて『著作集』第四巻に収められている)。

二〇世紀の終わりの十年間あたりから、哲学における分析的伝統の出自を明らかにしようという歴史的研究が目立つようになってきた。その焦点のひとつがフレーゲ研究となることに不思議はない。『西洋哲学史——フレーゲからカルナップまで』という架空の書物の著者が出て来る本があったが、フレーゲから哲学のある新しいあり方が始まったという点で、このタイトルにもまったく現実味がないわけではない。しかしながら、フレーゲの仕事が一九世紀後半の哲学と数学のなかから出て来たものであることも疑いえない。フレーゲが自身の置かれた伝統から何を引き継いだのかを明らかにすることは、この百年あまりの哲学を哲学の全歴史のなかに位置づける助けとなることだろう。

6 論理の言語と言語の論理

1　論証と言語的知識

哲学における言語への集中的関心は、現代的な論理学の成立と切り離せない。論理学が論証の学であり、論証が言語において表現されるよりない以上、論理的探究には言語への関心が自動的に伴うように思われるかもしれない。しかし、それは必ずしも正しくない。現代的な論理学において、言語を主題として取り上げる必要が生じたのは、この論理学をそれ以前の論理学から区別する、ある大きな特徴からである。

現代論理学の開始を告げるフレーゲの小冊子は一般に『概念記法』という名称で知られているが、その正式の標題は『概念記法、算術の言語を模して作られた、純粋な思考のための式言語』と言う。この標題からもわかるように、フレーゲは、論理学を展開するための特別の言語が必要であると考え、その言語の名称を自身の著作の標題として採用したのである。

論証が正しいためには、前提が正しく結論が正しいというだけでは十分でない。前提と結論とが「正しい関係」に立っていなくてはならない。前提と結論とがあるパターンのもとに現れていなければならない。つまり、個々の論証の正しさは、それが正しい論証のパターンを備えているかどうかによって判定される。

伝統的論理学では、与えられた論証が必要なパターンを備えているかどうかをみるために、もとの論証の前提や結論を表現している文を、あるきまった形の文にパラフレーズするという方法をとった。伝統的論理学の中心には、三段論法と呼ばれる種類の論証についての理論がある。この種類の論証はすべて、二つの前提と一つの結論から成り、しかも、これらの前提と結論はすべて「主語＋コプラ＋述語」という形の文によって表されなければならない。よって、伝統的論理学に従って論証を分析するためには、その論証を構成している命題をすべて、この鋳型にはめこむ必要があり、そのための手段がパラフレーズなのである。

それに対して、フレーゲ以降の論理学的研究において採用されるようになったのは、日本語やドイツ語のような自然言語で表現されている論証をそのまま扱うのではなく、論証の研究のために特別に考案された人工言語において、もとの論証に対応する論証を研究するという方法である。

フレーゲが研究の対象とした論証は、数学、なかでも自然数や実数を扱う広い意味での算術における証明であった。こうした証明において、どのような推論上の原理が使われているかを明示するために、フレーゲは推論の基本ステップが純粋な記号の操作として表現できるような推論の表現法を求めた。たとえば、モードゥス・ポネンスという名前で知られている推論の形式がある。これは、

A
A ならば *B*
ゆえに、*B*

というパターンをもつが、日本語で表現された推論がこのパターンをもつかどうかは、多くの場合、自動的にわかることではない。「花子は太郎の部屋にいるはずだ。花子はもう来ているし、花子が来ていれば太郎の部屋にいるはずだから。」という推論がモードゥス・ポネンスに従った推論であることは、日本語の通常の話し手ならば容易にわかることである。伝統的論理学でのやり方のように、この与えられた推論をパラフレーズして、それがここに示したパターンに従うことを示すことさえ、それほどむずかしくはないだろう。与えられた推論はたぶん、つぎのように書き直される。

花子は来ている。
花子は来ているならば、花子は太郎の部屋にいる。
ゆえに、花子は太郎の部屋にいる。

しかしながら、こうした書き換えが可能なのは、話し手が日本語についてのさまざまな知識をもっているからである。そうした知識のなかには、「花子が来ていれば」という句を「*A*ならば」という形の句と考えてよいこと、「花子はもう来ている」という表現と「花子が来ていれば」とは共通の要素——「花子は来ている」——を含むこと、また、「花子が来ていれば太郎の部屋にいる」の「太郎の部屋にいる」を「花子は太郎の部屋にいる」と同じであるとみなしてよいこと、などが含まれる。

この例からもわかるように、日本語のような自然言語を用いている限りは、こうしたさまざまな知識を必要とすることなしには、与えられた推論のステップが、前もって指定された推論規則の適用例になっているかどうかを知ることはできない。こうした状況にフレーゲが満足できなかった理由は、推論の各ステップを正当化するために必要とされる知識のすべてが明示されない限り、その推論が純粋に論理的なものであるかどうかが不明なままにとどまるという点にある。何が論理に属するのかを正確に突き止めることは、フレーゲにとって大きな重要性をもっていた。その理由は、かれの論理的探究の目的が、数についての真理はすべて論理的なものであり、論理的推論だけから数についての真理のすべてを引き出すことができるということを、疑いの余地を残さない仕方で立証することにあったからである。

したがって、日本語で表現された個々の推論が、ある決まったパターンを備えているかどうかを知るために、どれだけ当たり前と思えようが、ある知識を必要とするのならば、それが本当に日本語についての知識につきるということが示されなければ、もとの推論に関与している知識のなかに論理以外の何が含まれているかは不明瞭なままにとどまる。たとえば、そこに数や図形についての知識が含まれていないと断言することはできない。したがって、日本語で表現された推論があるパターンを備えていることを示すために、パラフレーズが必要となるのならば、そのパラフレーズを可能とする知識が明示的な仕方で取り出されなければならない。しかし、日本語のような自然言語は、その表現力の豊富さのゆえに、モードゥス・ポネンスのような単純と思われる推論パターンであっても、それが実際に現れる場合にどのような形を取るかそのすべてを見通すことは不可能である。したがって、必要とされるパラフレーズが何であるかを見きわめることも不可能だろう。だが、もしも限定された表現力しかもたないために、文字通り定型的な文だけがモードゥス・ポネンスのパターンに現れるような言語があったら、どうだろうか。そうした言語で表現された推論が、モードゥス・ポネンスに従う推論であるかどうかを判定する際も、依然として言語的知識は必要となるが、日本語での場合と違うのは、そこで必要とされる言語的知識が何であるかを明示することが可能だという点である。

こうして、フレーゲは、推論を提示するための特別の言語の構成に向かった。この言語においては、推論の各ステップがどのようなステップであるかを認知するために必要な事柄はすべて明示されていなければならない。そうした事柄のなかには、そのステップの前提と結論を構成している文が、どのような要素からどのような仕方で作られているかといった、いわば文法に属する事柄も含まれる。したがって、この論理学のための言語そのものがどのようにできているかもまた、明示される必要がある。

2　論理学の言語は言語か？

数学や化学におけるように、専門的な用途のための特別の記号法を自然言語に付け加えるということは、それまでもしばしば行われてきた。他方、一九世紀後半には、国際的なコミュニケーションを容易にするための人工の言語が矢継ぎ早に考案された。そのなかでももっとも有名なのがエスペラントである。しかしながら、これらの人工言語においても、その文法が完全に明示されていたわけではない。多くの事柄は、すでに存在する自然言語の文法との類推にまかされていた。これに対して、論理学のための言語こそ、言語の歴史のなかで、その語彙と文法と意味とが明示的に指定された最初の言語である。それだけではない。推論の際に用いられるべき規則の体系と、それが表現されるべき言語の両方を明示的に指定することによって、フレーゲは、われわれが暗黙のうちに用いている知識――この場合は推論と言語に関する知識――を明示的に取り出すことを最初に試みた人物であると言える。論理学の言語を用いて表現され、そこであらかじめ立てられている推論規則に従って構成された証明は、通常の証明においては暗黙に了解されているものとして、わざわざ表現されることのない前提やステップのすべてを明示的に書き出したものになっている。

しかし、ここでつぎのような疑問が出て来るかもしれない。論理学の「言語」と言うけれども、フレーゲが作ったものは本当に言語なのだろうかという疑問である。この疑問への完全な答えを与えることができるためには、何かが言語であるために必要にして十分な条件というものを知っている必要があろう。だが、そこまで要求しないときには、フレーゲの作ったものが言語でなければ何だろうかと問い、考えられる可能性のどれにも該当しないことをもって、それに言語の資格を認めるという道がある。

フレーゲの概念記法が言語でないとすれば、それは何だろうか。二つの可能性がある。(1) ひとつは、それが既存の言語に付加される専門的な記号法の体系だというものであり、もうひとつは、既存の言語の表現を、部分的もしくは全体的に新たな表現に転記するための方法であるというものである。数学的記号法や化学式は前者の例である。他方、後者には、体系的パラフレーズと、コードという、さらに二つの可能性がある。論証を三段論法の形式で表現するために前提と結論をすべて「主語＋コプラ＋述語」という形に書き換えるのが、体系的パラフレーズの例であり、第三者に通信内容がもれないように暗号を用いるような場合がコードの例である。

フレーゲの概念記法は、このいずれでもない。数学の証明は、それが印刷されて論文中に現れる場合であれ、黒板を使いながら口頭でなされる場合であれ、日本語や英語のような言語を用いてなされる。そうした証明の表現にとって、数式や記号は本質的なものであるが、それはあくまでも日本語や英語への付加物であって、それだけで証明を表現することはできない。それに対して、フレーゲが意図したことは、それ独立で、証明の全体を表現できるような記号法の体系である。

他方、フレーゲの記号法は、既存の証明を別の仕方で表現するための体系的パラフレーズを与えるものでもなければ、それをいわば暗号化するためのものでもない。なぜならば、パラフレーズにしても、暗号化にしても、それは、ある内容がすでに、ある言語において表現されていることを必要とするのに対して、ひとは自身の数学的思考の内容を直接、概念記法を用いて表現することができるからである。

この予備的な考察からわかることは、フレーゲの概念記法が、他の言語に依存することなしに、複雑な思考内容を直接表現し、それを他人に伝達することを可能にする記号体系であるゆえに、言語と呼ばれる資格を備えているということである。

だが、フレーゲの「言語」を、日本語や英語のような自然言語、あるいは、エスペラントのような人工言語と比較するとき、欠けているものが多くあることも事実である。すぐ目に付く違いは、概念記法が、書かれるための言語であって、話されるための言語ではないということである。しかし、多くの自然言語が長いこと文字をもたなかったことを思い出せば、実際のところこれは表面的な違いにすぎないだろう。文字をもたなかった言語に外来の文字をあてはめるように、概念記法の式に「読む」方法を導入することはそれほどむずかしいことではないからである。(2) より本質的な欠陥とみえるのは、むしろ以下のような点である。第一に、概念記法は、疑問や命令や依頼といった種類の言語使用のための言語的装置を備えていない。第二に、概念記法は、通常の言語的やり取りをきわめて効率的なものとしている文脈依存性(3)とまったく無縁である。

フレーゲの言語のこうした性格は、それが数学的証明（と科学理論）の表現のための言語として設計されたことに由来する。だが、フレーゲ流の言語に、疑問・命令などのムードを付け加えることも、また、文脈依存性を導入することも可能であることは、一九六〇年代以降の形式意味論の展開が示したことである。

したがって、フレーゲの言語を、表現力において劣るものではあるが、独立の言語として認めてよいと思われる。そして、このようにフレーゲの「言語」を、単に比喩的な意味にとどまらない仕方で言語として認めることの帰結は大きい。それは、フレーゲの言語が、史上初めての、明示的に指定された言語だからである。

明示的に指定された言語を用いて定式化された規則の適用として推論を分析することによって、フレーゲは、われわれが多くの場合暗黙のうちに行っている知的活動のある領域を隈なく照らし出すことに成功した。そのように照らし出された知的活動の領域には、推論における前提から結論への移行のみならず、推論に現れる言語表現の構造と意味の理解もまた含まれる。フレーゲの「言語」もまた、他の言語と並ぶ言語であると認めるならば、かれは、言語の理解が何に存するかを初めて明示的に取り出した人物であるということになる。(4)

3 言語の再帰性と無限性

ところで、「明示的」ということの正確な特徴づけが得られたのは、フレーゲの最初の試みよりも半世紀後の一九三〇年代のことである。その鍵は、実効性 (effectiveness) という概念にある。

言語表現のなかにいくつかの種類を見出すことができる。ほとんどの言語には、語と文という二つの種類が区別される。いや、それどころか、この二つの種類の表現をもたないものは、言語ではないと言うことさえできるかもしれない。文より小さいが、語より大きな単位として、句という単位を見出すこともできる。語、句、文はさらに、そのなかでいくつかの種類に分類される。こうした言語表現の種類のことを「文法的カテゴリー」あるいは単に「カテゴリー」と呼ぶ。

言語の文法が明示的に提示されているということは、その言語に備わっているカテゴリーの各々に関して、任意の表現がそれに属するかどうかを実効的に判定する方法が与えられていることとして特徴づけられる。たとえば、音や記号の連なりが与えられたとき、それが問題になっている言語の文であるかどうかを、文法に従って実効的に判定することができなくてはならない。実効的に判定できるということとは、そうした判定を行うための機械的な手続きがあるということであり、さらに、この「機械的」ということは数学的に厳密な仕方で定義できる。そして、この定義こそが、一九三〇年代に達成されたことである。(5)

その文法がこのような厳密な意味で明示されている言語のことを形式言語と呼ぶ。言語一般の理解にとって形式言語がもつ意味は、それによってはじめて、再帰性が言語の本質に属することが明らかになった点にある。現在多くの言語学者は、有限の手段で無限の多様性を生み出すということを、言語の本質的特徴として挙げる。この特徴がどのような仕方で生み出されるかは、形式言語の構成によってはじめて明瞭となったことである。

論理学の言語からごく単純な例を取ろう。その文法規則のなかには、「連言」と呼ばれる操作に関するものがある。この規則は、つぎのように述べることができる。

AとBが論理学の言語の文であるならば、

$(A \wedge B)$

もまた、論理学の言語の文である。

この規則の大きな特徴はそれが繰り返し——「再帰的に」——適用できることである。いま「p」が論理学の言語の文であるとしよう。そうすると、連言についての規則を適用して、

$(p \wedge p)$

もまた論理学の言語の文であることがわかる。この「新しい」文と、以前からの文「p」とにふたたび、連言の規則を適用することによって、さらに新しい文

$$p \wedge (p \wedge p),\ (p \wedge p) \wedge p,\ (p \wedge p) \wedge (p \wedge p)$$

を作ることができる。そして、同様の操作はいくらでも繰り返すことができる。

こうした無際限の繰り返しの可能性は、文法が機械的な規則として取り出されてはじめて明確に認識される。「機械的に」繰り返すということこそが、その本質である。日本語や英語のような自然言語にも、無際限の繰り返しの可能性が備わっていることは、つぎのような例をみれば納得してもらえよう。

花子が生んだ子供
花子が生んだ子供が生んだ子供
花子が生んだ子供が生んだ子供が生んだ子供
⋮

しかし、実際の言語使用では、こうした無際限の繰り返しということは真剣な考慮の対象とはならな

い。いま挙げた例で、「が生んだ子供」を付け加えることによって、いくらでも長い表現が作れるということは、日本語の話し手ならば誰でも認めるに違いない。しかし、日本語のふつうの話し手にとって、それは好奇心の対象ではあっても、重要な現象であるとはみなされない。無際限の繰り返しの可能性にひかれるのは多くの場合子供であるということは特徴的である(6)。その理由は、繰り返しを何度も含む表現は、聞き手の理解にとって大きな負担になるために、実際のコミュニケーションには適さないことを、言語の使い手は知っており、したがって、このような表現が実際に用いられることはほとんどないからである。いま挙げた例で言えば、「花子が生んだ子供が生んだ子供」ぐらいまでは、実際に用いられることもあるかもしれない。しかし、「花子が生んだ子供が生んだ子供が生んだ子供」は、実際にはまず用いられないだろう。ひとは、同じことを言うために、「花子の孫の子供」とか「花子のひ孫」といった別の言い方を工夫するに違いない。

「孫」や「ひ孫」といった語の存在は、自然言語の語彙の豊富さを示す例のひとつである。こうした語彙の豊富さは、人が言語によって多様なことを表現したり伝達したりできることを、さほど不思議とは思わせない原因のひとつになっている。「人はなぜこれほどさまざまなことを言葉にできるのか」という問いに対しては、「たくさんの言葉があるから」というのが、もっとも直接的な解答であるかのように思えるからである。

実際、人の一生は有限であるから、どんなにおしゃべりだったり、大量の書き物をする人だったとしても、その人が一生のあいだに言ったり書いたりすることのすべてをまかなうのに、無制限の再帰は必要ない。同様のことは、個人の単位だけでなく、社会の単位でさえ言えるだろう。つまり、きわめて豊富な語彙と、ある程度の回数までの再帰を認めることによって、有限ではあるが莫大な数の言語表現を生み出すことさえできれば、言語として十分ではないだろうか。

では、無制限の再帰性が言語の本質に属するという主張は誤りなのか。有限の手段で無限の多様性を可能とするのが、言語の場合、再帰性に限られることは依然として正しい以上、この問いは、言語は本質的に無限かという問いに等しい。そして、この問いに対する答えは必ずしも明らかではない。なぜならば、無際限の再帰が認められるのは、論理学の言語のような人工的に作られた言語の場合だけで、自然言語では、ある回数以上の再帰を含む文はもはや文法的に正しくないとする立場も十分可能だと思われるからである(7)。しかしながら、はっきりしていることは、再帰性や無限性といった構造的特徴を言語に関して問題にできるようになったというこの事実自体が、形式言語の出現なしにはありえなかった点である。

4 哲学の言語論的転回と言語学

『概念記法』が出版された一八七九年から、少なくとも一九七〇年代の終りまでの百年の哲学は、「言語論的転回のもとでの哲学」と呼ぶことができる。この時期の哲学が、一見バランスを欠くと思えるほどに、言語的な事柄に集中していることは、周知のことと言ってよい。こうした集中が生じた理由は、大きく二つある。ひとつは、哲学的問いの発生に言語が深く関与しているという考えであり、もうひとつは、哲学的問いに答えることは言語的な事柄についての考察を通じてなされるという考えである。

ウィトゲンシュタインの『論理哲学論考』（一九二一年、以下では『論考』と略する）に、この両方の考えのもっとも明確な表現をみることができる。「われわれの言語の論理を誤解することから、哲学的問題は出て来る」というのは、その序言の一節である。他方、その本文の主要な部分は、言語一般の構造から世界の構造を明らかにし、そこからさまざまな哲学的帰結を引き出すという筋立てになっているようにみえる。

言語が哲学にとってこれほど重要であるのならば、言語についての正しい理解こそが哲学的探究の前提にあるのでなければならないだろう。よって、つぎのように考えるのは当然と思われよう。――言語についての正しい理解とは、言語についての正しい理論に基づいていなければならない。もしも、言語についての正しい理論が哲学に属するのであれば、そうした理論を構成することは、哲学のなかでももっとも基礎的な部分ということになろう。だが、言語についての正しい理論が哲学に属さなければならないとする理由はあるだろうか。むしろ、そうした理論は、言語についての科学として、言語学に属するのではないだろうか。そうだとすれば、哲学は、そうした科学に基づいて展開される分野、いわば、応用言語学の一部ということになろう。

しかしながら、現在はともかく、少なくとも一九八〇年代に至るまで、言語論的転回以後の哲学者のなかでこのように考えた哲学者はほとんどいない。多くは、言語についての正しい理解を与えるのが哲学であるのは当然だと考えた。そのなかで意見の相違があるとすれば、それは、そうした理解が、言語についての哲学的理論を通じて与えられるかどうかという点に関してにすぎず、しかも、言語についての哲学的理論という観念を全面的に拒否したのは、ウィトゲンシュタインとその同調者に限られる。言語学のなかでどのような理論が支配的であるかどうかといった事柄に関心を抱くのはむしろ、言語論的転回後の哲学の実践者とは目されない哲学者であるというのが、だいたい一九八〇年頃までの状況であったと言える。(8)

哲学を通じてのみ言語についての正しい理解が得られると哲学者たちが最近まで考えてきた理由は何だろうか。これは、考えてみるに値する問いであるだけでなく、意外にもほとんど問われて来なかった問いでもある。

明らかに誤りであるとは言えないにしても、見当違いであると言わざるをえない答えは、哲学者たちが、言語についての専門的探究、つまり、言語学の状況をみて、そこからは何も学ぶべきことはないと結論したからだというものである。こうした答えがなぜ見当違いであるかと言えば、哲学者たちはそもそも求めるものが哲学的探究の外部にはないことを無意識のうちに知っていたからである。なぜか。それは、哲学者たちにとっての言語とは、言語学のような経験的探究の研究対象ではありえないと思われたからである。そう思われた理由をさらに問うこともできる。そして、その答えは、言語論的転回のもとでの哲学にとって、言語とは、自然的で経験的な存在ではなかったということにある。

二〇世紀前半の哲学のなかで、言語についてのこうした見方が支配的となった原因は何だろうか。まずは、つぎのような答えが考えられるかもしれない。つまり、哲学的問題の解決は新しい言語を必要とするという考えがそれであるというものである。ここで言う新しい言語の典型は論理学の言語である。論理学の言語の出現以後、言語は、自然に見出されるものとは限らず、さまざまな用途に応じて一から自由に作り出せるものであると考えられるようになった。フレーゲは、自身の言語と自然言語の関係を、人間による発明である顕微鏡と、自然によって与えられた肉眼との関係に喩えた（フレーゲ『概念記法』序文）。ラッセルもまた、しばしば自然言語の論理的不完全さについて語り、哲学的問題の解決のために論理学の言語の使用をすすめた。

こうした傾向のもっとも顕著な現れとして、カルナップの「寛容の原則」を挙げることができる。カルナップは、実在論と観念論、唯名論と実念論、唯物論と唯心論といった、伝統的な哲学的論争で争われているのは、どのような哲学的言語を選択するかということにほかならず、実質的なものではないと主張し、つぎのように述べた(9)。

誰もが好きなように、自身の論理、すなわち、自身の言語を作ってかまわない。必要とされることはただ、それについて論じたいのならば、自身の方法を明瞭に述べ、哲学的議論の代わりに構文論的規則を示さねばならないということだけである。

つまり、哲学的議論は言語の提示に取って代わられる。それゆえ、構文論的規則を明示することのできない（と考えられた）既存の自然言語は、哲学の場面では役に立たず、自然言語しか研究対象としない言語学は哲学にとって何ら重要ではないということになる。

たしかに、自然言語に対する人工言語の優位を言い立てることは、初期の分析哲学において顕著であるが、この傾向の哲学者のすべてにあてはまるわけではない(10)し、また、とりわけ第二次大戦後のオックスフォードを中心にみられたように、人工言語ではなく、自然言語こそが哲学的探究の対象であり、かつ、道具であるとする哲学者も少なくない。したがって、哲学者のあいだで二〇世紀後半まで広くみられた、言語についての経験的探究への無関心という事実には、もっと別の説明が必要である。

5　言語の本質としての論理と超越論的言語観

分析的伝統に属する哲学者のもとでの、言語についての経験的研究への無関心ということは、考えてみれば、おどろくべきことである。この伝統の哲学を代表する哲学者のほとんどが、自然言語を含めた言語一般の構造は、経験に頼ることなく、アプリオリな仕方で解明できると考えていたように思われる。いったいどこから、そんな確信が生じえたのだろうか。

まず思いつく答えは、論理的な事柄がこの伝統における言語への関心の中心にあったからだというものだろう。フレーゲが、推論の形式化のために、その構造が明示的に指定されている言語を史上初めて構成したこと、また、ラッセルが、自ら表示句と呼んだ種類の言語表現の分析に取組み、その結果、記述の理論を編み出したこと、これら初期分析哲学の目覚しい成果はいずれも、言語に関する考察を哲学の前景に押し出す効果をもった。そして、そうした考察はもっぱら言語の論理的側面に関するものであった。だが、言語は、論理学者や哲学者の関心事である論理的性質以外のさまざまな性質ももっている。言語の論理的側面の探究は重要かもしれない。しかし、それが言語についてわれわれが知るべきことのすべてでないことは明らかである。

この当然の疑問に対しては、つぎのように答えることができる。すなわち、言語の構造を規定しているのは、まさに論理的な事柄である、と。そして、こうした考えこそが、言語論的転回以後の言語観を形作ったものであると思われる。ふたたびわれわれは、その明瞭な表現を『論考』に見出すことができる。

命題は論理空間内のある場所を決定する。こうした論理的場所の存在は、その構成要素の存在、すなわち、有意味である命題の存在だけで保証されている。（三・四）

命題は実在全体を描写できるが、実在を描写できるために命題が実在と共有しなければならないもの、すなわち、論理形式は描写できない。（四・一二）

何であれ、ある記号言語の論理的構文論を知っているならば、われわれはそのときすでに論理学のすべての命題を手にしているのである。（六・一二四）

この最後の引用が示すように、『論考』によれば、論理的推論の可能性は言語の構造から出て来なくてはならない。したがって、どのような論理的推論が妥当であり、また、言語のどのような構造的特徴がそうした推論を妥当とするのかを探究することによって、言語一般の構造を明らかにすることができる。『論考』自体の基本テーゼ、すなわち、言語とは命題の全体であり（四・〇〇一）、命題はいずれも要素命題の真理関数である（五）は、言語一般の構造についての主張であるが、その根拠となっているのは、言語がこのような構造をもつことによってのみ命題論理の推論の妥当性が説明できるといった考慮である。

もうひとつ例を挙げよう。存在的一般化と呼ばれる推論がある。これは、論理学の標準的な表記法では、つぎのような形で書かれる推論である。

$F(a)$
ゆえに、$\exists xF(x)$

また、つぎは、この推論パターンをもつとみなされる日本語のなかの推論の例である。

キュリー夫人はノーベル賞を二度もらった女性である。
ゆえに、ノーベル賞を二度もらった女性がいる。

そして、いま問題にしている論法はつぎのように進む。——存在的一般化という推論の可能性が言語に備わっているためには、論理学の表記法において「a」で表されている種類の表現（名前）と「F」で表されている種類の表現（述語）のあいだの区別が、言語のなかに見出されなくてはならない。したがって、そのなかで存在的一般化の推論が行える言語のいずれにおいても、名前と述語の区別があるのでなくてはならない。ところで、存在的一般化のような単純な推論も表現できないものを言語と呼ぶことはできない。つまり、名前と述語の区別は、言語一般の構造的特徴でなくてはならない。

『論考』のウィトゲンシュタインは、論理ということで、ごく限られた範囲のものしか考えていない。しかし、論理を、もっと広く解釈することも十分可能である。「言語の論理」は、フレーゲやラッセルが論理とみなしたものだけに限られる必要はないし、まして、クワインのように一階述語論理に限定する必要はない。いわゆる日常言語学派の哲学者たちが扱ったような概念間の関係もまた、言語の論理のなかに含めてよい。そうするならば、言語の構造的特徴として明らかにされるものは豊富な内容をもつことができるようになる。しかしながら、「言語の論理」をどのように解釈しようとも、論理である限り、それは経験的探究の対象となるとはみなされない。そして、このことは、いくつかの例外はあるにせよ、一九七〇年代まで、多くの哲学者にとって暗黙の前提としてはたらいたと思われる。

ところで、どのような推論が論理的に妥当であるかは経験に左右されない。ここから哲学にとって重要な結論が引き出される。つまり、妥当な論理的推論の可能性を手がかりに言語一般の構造的特徴を探索することは、アプリオリな仕方でできるという結論である。言語一般の構造的特徴とは、言語が言語である限り備えていなければならない特徴、すなわち、言語の本質である。よって、言語一般の構造[11]はアプリオリな仕方で知られうるとすることは、本質はアプリオリに知られるという伝統的な思考法とも合致する。

さらに、言語の構造についてのアプリオリな探究は、世界の構造についてのアプリオリな探究を兼ねることともなる。そのわけは、名前と述語といった言語表現の分類は、対象と概念といった存在者のあいだの一般的な分類を与えると考えられたからである。ここで、対象と概念という存在者間の区別は、名前と述語という言語表現間の区別の投影であって、その逆ではない。言語に先立って決まっている存在者のあいだの区別を言語がなぞるのではなく、言語的区別が存在論的区別を生み出すという、この考えは、言語論的転回後の言語観のもっとも大きな特徴である。論理が言語の構造を規定し、言語の構造が世界の構造を決定するわけである。

このような言語観のもとでは、現実の言語を対象とする経験的研究に哲学的意味を見出すことはむずかしい。言語の本質は、どのような言語であっても備えている性質であるから、もっぱら言語の本質の探究に従事する者にとっては、どれだけ多様な言語が存在しようが、それらの言語すべてに共通する性質だけが問題である以上、ただひとつの言語が与えられているのと何ら変わりはない。たとえば、名前と述語の区別が、日本語や英語のような自然言語の各々でどのように実現されているかを探究することは、興味深いことかもしれないが、哲学者にとっての課題ではない。哲学者が哲学者として取り組むべきことは、あくまでも、すべての言語に共通に見出される特徴だけだからである。

さらに、言語の構造が世界の構造を決定するのであれば、哲学者による言語の構造の探究は、世界の可能性の条件への探究として、超越論的なものとなる。それに対して、言語の経験的研究は、世界の具体的細部についての研究であって、世界をそもそも可能とする言語の一般的構造の発見につながるものではなく、そうした一般的構造を前提としての営みであるほかはない。

この言語観――「超越論的言語観」と呼ぶことができよう――が、哲学者にとってきわめて都合のよい言語観であることは明らかである。なぜならば、それは、言語を哲学に固有のフィールドとして確保してくれるからである。だが、このことは同時に、疑惑と警戒を呼び起こす種ともなる。そして、そこには十分な根拠がある。

論理的推論の妥当性の説明を求めることを通じて、言語一般の構造を決定しようという企てには、二種類の原理的な困難がある。

第一に、どのような論理的推論が妥当であるかは、既定のことではないという問題がある。たとえば、二重否定の除去という推論が妥当であるかどうかは、ときには激しく争われた事柄である。この例は、否定のような、もっとも基本的な論理的概念についてさえ、異なる考え方があることを示すが、「論理」の内容を拡張解釈して、必ずしも論理に属するとはみなされないような概念間の関係までをも、そこに含めるならば、意見の相違の可能性はさらに大きくなる。

第二に、百歩譲って、もし仮にどのような推論が妥当であるかに関して意見の一致がみられたとしても、推論の妥当性を説明するために、どのような構造を言語に仮定すべきかが、一通りに決まるということはありえない。その理由は、推論の前提や結論として現れる文を、その構成要素に分解する方法は、一通りとは限らず、いくらでも多くの方法が考えられるからである。先に挙げた存在的一般化という推論を考えよう。この推論を論理学の標準言語で表現するならば、たしかに、そこには名前と述語という区別が現れる。しかし、それゆえ、この同じ区別が、どのような言語にもあると結論することは、あまりに性急である。現在の論理学の標準言語である述語論理の言語だけが、論理学の言語であるわけではない。たとえば、伝統的論理学の言語をベースにしてそれを拡張した言語も、論理学の言語として、述語論理の言語に匹敵するだけの表現力をもつことが知られている(12)。存在的一般化にあたる推論の妥当性は、名前と述語という区別を設けることをしない、この言語のなかでも説明できる。

いま述べたことは、言語一般の構造の探究などというものが、実は、存在しないものの探究ではないかという疑いを引き起こす。3節で問題にした再帰性あるいは無限性といった、ごくおおまかな構造的特徴はともかく、文の内部構造にまで立ち入る特徴に関しては、いくらでも多様な分析が論理的に可能である以上、実質的なものは何もないと結論すべきではないだろうか。そうすると、言語の構造に関する実質的な問いは、言語一般についてのものではなく、自然言語に共通の構造はあるか、もしあるとするならば、それは何かという、経験的な問いだけであるということになろう。

6　終わりに

一九世紀末から二〇世紀初頭にかけて生じた論理学の革命は、形式言語という新しい存在を生み出した。形式言語が、言語についてのわれわれの理解に大きな影響を与えうる存在であることは、二〇世紀中葉にチョムスキーが始めた言語学の革新が、形式言語の存在なしにはありえなかったことによく現れている。

だが、他方で、形式言語が生み出されるきっかけとなった推論の体系的研究は同時に、幾人かの哲学者によって、言語一般の構造、ひいては、世界の構造を開示する鍵となるとも考えられた。二〇世紀の哲学において、この考えは大きな影響力を振るったが、それが結局維持しがたいものであることは、この世紀の中葉ぐらいから、しだいに明らかになってきた。そうした状況を生み出すのにもっとも大きな役割を果たしたのは、分析的真理という観念に対するクワインの批判である。そして、一九八〇年代以降、ほぼ一世紀ぶりに、哲学のなかでふたたび自然主義が力を得てくるにつれ、言語論的転回のもとで形成された言語観はもはや哲学のなかでの支配的言語観ではなくなった。先にも述べたように、この言語観は、言語を哲学に固有のフィールドとして確保することを可能とした。したがって、その解体は、哲学が科学に対して哲学独自の課題と方法を主張することを不可能とする結果を招く。言語はふたたび世界および経験のなかの一要素となり、経験的探究の、つまり、科学の対象となった。この新しい風景のなかで言語がどのように見えるかを問題にすることは、別の機会に譲ろう。

註

（1） Cf. J. Barnes, "What is a Begriffsschrift?" *Dialectica* 56 (2002) 65-80.

（2） 拙稿「'Begriffsschrift' という名称について」（慶應義塾大学言語文化研究所『西洋精神史における言語と言語観——継承と創造』二〇〇六年、慶應義塾大学出版局、五〜一九頁）を参照されたい。

（3） たとえば、日本語に「私」や「ここ」や「いま」といった言葉がなく、その代わりに、名前や記述を使わなければならないとしたときの不便さを考えるだけでよいだろう。

（4） ここでは、推論と言語理解の両方をともに、われわれが多くの場合暗黙のうちに行っている知的活動に属するものとしたが、両者のあいだには、いわば、その暗黙性の程度の違いがあるように思われる。推論の方がずっと「意識的」で「能動的」な操作であるのに対して、言語理解の方は「自動的」で「受動的」といった特徴をもつと思われるからである。

（5） これは、ゲーデル、クリーネ、チャーチ、エルブラン、テューリングといった論理学者たちによって提出された多様な概念がすべて同一の外延をもつことの発見の結果である。

(6) 「the house Jack built」で始めてその先延々と続けるという遊びがあるが、同様の遊びは、英語と限らず、どんな言語でも可能だろう。また、そうした遊びがどこでも子供の興味をひくだろうということも十分予測できる。

(7) 拙著『言語哲学大全IV――意味と真理』（二〇〇二年、勁草書房）2・1節「言語の無限性」参照。

(8) こうした状況をよく示すのは、分析哲学のなかでソシュールへの関心はまったくと言ってよいほどなかったという事実である。

(9) R. Carnap, *The Logical Syntax of Language*, 1937, Kegan Paul, p. 52.

(10) こうした傾向に同調しなかった哲学者の典型として、ムーアを挙げることができる。

(11) この考えが必ずしも正しくないことは、クリプキの『名指しと必然性』以来広く受け入れられるようになった。また、これがどの程度「伝統的」であるかについては、本質の経験的探究という観念がすでにアリストテレスにおいて重要な役割を果たしていたことが指摘されている点を考え合わせるべきである。つぎを参照されたい。R. Sorabji, *Necessity, Cause and Blame: Perspectives on Aristotle's Theory*, 1980, Duckworth.

(12) F. Sommers, *The Logic of Natural Language*, 1982, Oxford University Press.

7 論理学から形而上学を引き出す

『名指しと必然性』のなかでクリプキは、名前の指示について当時支配的であった理論に触れて、「そのただひとつの欠点は、たぶんすべての哲学的理論に共通のこと、すなわち、間違っていることだ」と言っている。ウィトゲンシュタインが、哲学における理論についてどう考えていたかも、よく知られている。かれによれば、それはただ間違っているだけでなく、哲学的誤りの主要な源泉でもある。

クリプキの言うことはおそらく正しい。哲学における理論はどれも最終的には間違ったものとならざるをえない理由がある。しかし、それは、ウィトゲンシュタインの言葉に従って、哲学からすべての理論を追い出すべきだということを意味しない。間違った理論によってはじめてわかることというのは、科学におけるのと同様、哲学においても重要だからである。とりわけ、美しくエレガントな理論が間違いであったとわかることは、一方でおおいに落胆させられることであるが、他方でそれは、哲学においいて決して見失ってはならない教訓、すなわち、哲学の問題には簡単で単純な解決などないということを、あらためて認識することである。

美しくエレガントな哲学的理論ということで私がまっさきに思い出すのは、ウィトゲンシュタインの『論理哲学論考』である。もちろん、ウィトゲンシュタインがそこで理論を提示していると考えることが、この書物の誤った解釈であることは、百も承知である。おどろくべきことは、いくら著者の意図に反しようとも、このテキストから、言語をその一部として含む世界全体についての理論を読み取ることができるということである。そして、その理論は、当時生まれて間もない現代論理学から引き出されたもののようにみえる。つまり、この理論を導く問いは、現代論理学がわれわれの言語に適用できるのであれば、それはどのような構造的特性をもたなければならないか、そして、その言語によって語ることのできる世界はどのような構造的特性をもたなければならないかというものであると言ってよさそうに思われる。

『論理哲学論考』は、哲学的問題がすべてわれわれの言語の論理の誤解から生み出されるというメッセージを含んでおり、それは、哲学の「言語論的転回」を決定的なものにするだけの力があった。だが同時にそれは、われわれの言語の構造は、論理学を通じて明らかにすることができ、世界の構造は言語の構造と対応しているから、世界の構造もまた、論理学を通じて明らかになるという建設的なプログラムも含んでいるようにみえた。『論理哲学論考』の誤読から生み出されたこのプログラムは、一九二〇年代から一九七〇年代という、半世紀を越える期間にわたって多くの哲学者を引き付けた。いや、そんな具合に、まるで他人事のように言うのは、よくないだろう。私自身かつて、こうしたプログラムに強く魅せられたし、いまでも、その魅力に逆らうのに困難を感じるからである。

私がいま与えた大雑把な特徴づけからもわかるように、このプログラムは、ひとつの仮説と、二つの推論から成っている。ひとつの仮説とは、

(A) 論理学の理論は、われわれの言語に適用できる。

というものであり、二つの推論とは次のものである。

(B) 論理学の理論は、われわれの言語に適用できる。したがって、われわれの言語はある特定の構造をもっている。

(C) われわれの言語はある特定の構造をもっている。したがって、それによって語ることのできる世界も、ある特定の構造をもっている。

論理学の理論が、われわれの言語に適用できるかどうかは、経験的探究によってはじめて知られる偶然的な事柄ではないと考え、また、(B)と(C)という二つの推論において、前提は結論を必然化すると考えるならば、このプログラムが成功裡に達成されたならば、われわれは、世界に必然的に備わっている構造についての知識を手に入れることになる。つまり、われわれは、論理学から出発して形而上学に達することができる。

(B)と(C)という二つの推論がはたして妥当なものであるかどうかは、とりあえずいまは問題にしないでおこう。ここで取り上げるのは、このプログラムの出発点にある仮説、すなわち、論理学の理論がわれわれの言語に適用できるという仮説の是非である。

この仮説の是非はもちろん、論理学の理論なるものがどのようなものであるかに依存する。現在の論理学において標準とされている理論は、集合論のなかで通常定式化される意味論を伴った「一階述語論理」と呼ばれる理論である。この理論が直接的に扱う言語(「一階述語論理の言語」と呼ばれる)は、日本語や英語のような自然言語と較べるのがそもそもばかばかしいような、ごく単純な言語である。しかし、そのように単純な言語であっても、この言語のなかで集合論のような強力な理論を展開することができる。ひとつの極端な立場は、一階述語論理の言語(で展開される集合論)において対応物をもたないようなわれわれの言語の部分は、そもそもなくてもよいものであるとするものである。そう考える理由は、世界の客観的記述を与えるものは科学理論であり、科学理論を表現するためには、一階述語論理のうえで定式化された集合論に、科学理論のために必要な語彙を加えたもので十分だからといったものになる。

しかし、こうした立場は、仮にそれが保持しうるものであっても、論理学から形而上学を引き出すというプログラムを実現したものとはみなされないだろう。なぜならば、それは、われわれに与えられている言語から出発するのではなく、科学理論が世界の客観的記述を与えるという形而上学から出発して、論理学的理論を介して、「われわれの言語」を逆に規定するものだからである。

われわれに与えられている言語と、現在の論理学における標準的理論の両方を尊重する方法がないわけではない。そうした方法を具体的に示している例として、デイヴィドソンによる行為文の分析を取り上げよう。これは現在、哲学を越えて、言語学においても広く採用されている分析法である。こうした分析は、次のような文が関係する推論の妥当性を説明するために必要となる。

(1) 田中さんが深夜に大声で叫んだ。
(2) 田中さんが深夜に叫んだ。
(3) 田中さんが大声で叫んだ。
(4) 田中さんが叫んだ。

コンテキストが変わらない限り、(1)が正しいならば、(2)〜(4)はいずれも正しく、(2)あるいは(3)が正しいならば、(4)も正しいが、どの推論についても逆は成り立たない。この事実を説明するためにデイヴィドソンは、「深夜に」「大声で」「叫んだ」はいずれも、かれが「出来事」と呼ぶ種類の存在者についての述語になっているとする。かれによれば、「e」を出来事のうえを走る変項として、(1)はおおよそ次のような構造をもっている。

∃e［深夜に（e）∧大声で（e）∧叫んだ（田中さん, e）］

これは、「深夜になされ、大声でなされ、かつ、田中さんによってなされた叫んだという出来事が存在する」と読むことができる。日本語としてはかなり変だが、(1)を言い換えたものとして理解することはできる。(2)〜(4)についても(1)と同様の分析を施せば、(1)〜(4)について先に述べたような事実は、一階述語論理によって綺麗に説明される。

この例で重要なのは、(1)〜(4)のような行為を報告する文のあいだの論理的関係を説明するために、出来事という種類の存在者を認めなければならないということである。これはまさに、論理学的理論による説明から導かれる形而上学的帰結であると思われる。

私はデイヴィドソンのこうした分析に反対する者ではない。むしろその反対に、こうした分析は自然言語の分析において必要であり、とりわけ、日本語の動詞句の意味論を与えるには不可欠のものだと考える。だが、この例が説得的であるだけに、このように進むのが唯一の方法だと考えてしまうことに警戒しなければならない。

標準論理から形而上学的帰結を引き出すことが適切ではない例として、次のような推論を挙げることができる。

(5) 山田さんと田中さんが一緒に来た。
(6) 山田さんと田中さんは大学生だ。
したがって、(7) 一緒に来た大学生がいる。

日本語を理解するひとならば誰でも、これが正しい推論だと認めるだろう（厳密なことを言えば、(5)に現れている「山田さん」「田中さん」と、(6)に現れている「山田さん」「田中さん」はそれぞれ同一人物を指すという条件が必要である)。標準の一階述語論理によって、この推論の正しさを説明するのには、行為文の場合に出来事という種類の存在者を認める必要があったのと同様に、山田さんや田中さんだけでなく、山田さんと田中さんの両方から成る「複数的対象」といった種類の存在者を認めなくてはならない。実際、(5)〜(7)のような文の意味論を扱う言語学者の大部分は、このように考えている風である。

しかし、これが唯一の方法ではない。なぜならば、標準の一階述語論理を拡張して、同時に複数の対象を、指示したり、述語の項としたり、量化できるようにした複数論理を用いるという道があるからである。そして、ここで詳細を述べることはできないが、必ずしも形而上学的理由からではなく、この方が複数的対象を認めるよりもすぐれていると論じることが可能である。

実際、一九七〇年代から顕著になってきたのは、一階述語論理の「標準性」に対する異議である。自然言語の分析が進むにつれて、多くの事例について、デイヴィドソンによる行為文の分析のような、一階述語論理の枠組みにとどまる分析が唯一ではなく、また、必ずしも適切であるとは限らないと論じられるようになった。こうした事例についてはむしろ、一階述語論理をさまざまな仕方で拡張して、そのなかで分析を与える方が適切であるのかもしれない。さらには、「標準論理」そのものが誤っているとして、それに代わる論理を提案する哲学者もいる。こうした提案は、数学の基礎に関連して一九二〇年代によく聞かれたが、今回は、数学のみならず、もっと広い範囲の言語の部分について提案されるものである。

こうした一連の議論は、論理学の理論と言っても、それがひとつに決まるわけではなく、どのような論理学的理論を用いるかは、形而上学的なものからプラグマティックなものにまで至る広い範囲の考慮によって決まることを示唆している。論理学から言語を介して世界の構造に至るような理論は不可能ではないかもしれないが、美しくもなく、また、エレガントでもないだろう。そして、疑いなく、間違った理論であるに違いない。それでもなお、そうした理論を追い求めようとするのは、哲学に憑かれた者の宿命なのかもしれない。

8　言語とメタ言語

1　定義は言語の内にとどまるか

つぎは、『ウィトゲンシュタインとウィーン学団』の末尾に収められている、ワイスマンによる「テーゼン」のなかの「定義」と題された章の一節である。

記号に意味を与えるには二つの方法がある。1．直示による方法。この場合、言明のなかでの語の用法を説明するのに、われわれは、その語を用いたさまざまな命題を構成し、その都度、それがかかわっている事実を指し示す。こうした仕方でわれわれはその語の意味に気付くようになる。（直示は実際には二つの行為から成る——さまざまな事実を指し示すという外的な行為と、そうした事実に何が共通かを学ぶという思考操作とである。）2．定義による方法。この場合、記号の意味は、すでに意味をもっている記号によって説明される。

定義は言語のなかにとどまる。直示は言語の外に出て、記号を実在に結び付ける。定義は言語において表現できるが、直示はそうではない。

この一節を読んでひとがただちに連想するのは、『哲学探究』第一部における直示的定義をめぐる議論だろう。その議論が向かっている先のひとつが、直示的定義が記号と実在との直接的結合を打ち立てるとする考えの根拠のなさを暴露することであることは、疑いない。そして、その結果、こちらはそれほど確実に言えるわけではないが、少なくともひとつの有力な解釈に従えば、『探究』の議論は、「言語の外」に出ることが直示によって可能となるという「テーゼン」での主張とは反対に、直示的定義もまた「言語のなかにとどまる」とする方向に向かっているということになる。

だが、そのこと、つまり、直示によってわれわれは「言語の外」に出られるのか、それとも、出られないのかという点は、（後に触れる機会はあるが）さしあたって問わないことにしよう。むしろここで私が問題にしたいのは、「テーゼン」のこの箇所で「定義」と呼ばれているもの――それは、しばしば「言語的定義」と呼ばれるものと一致すると思われる――によっては、本当に「言語の外」に出ることはできないのかということの方である。

というのは、引用した一節で述べられているのとは反対に、通常の定義――言語的定義――によって、われわれは十分「言語の外」に出ることができるし、しかもそれは、われわれがいつもしていることだと考えるべき理由があるからである。言い換えるならば、ある語の意味が他の語によって説明されるだけならば、われわれは「言語のなかにとどまり」続けているのであって、「言語の外」には決して出ていないのだというのは明らかにおかしいと論じられそうに思われる。

たとえば、ある文章を読んでいて「ゆうずつ」という言葉に出会ったとしよう。この語の意味を知ろうとして辞書にあたるならば、おそらく、つぎの文で表現されるような情報を得ることができる。

(1)「ゆうずつ」とは、宵の明星のことだ。

私が主張したいのは、この文に表現されているような情報を与えられたひとが、もしも「宵の明星」という言葉を理解しているのならば、そのひとは、この情報を通して、「ゆうずつ」という語を、まったく問題なく、実在のある要素と結び付けることができるということである。

(1)でなされていることは、ある語を別の語に置き換えることでは断じてない。(1)において、「ゆうずつ」という語は引用符のなかに現われているのに対して、「宵の明星」という語はそうではないということが、その何よりの証拠である。言語学や哲学における慣行によれば、引用符にくくられることなしに語が現われている場合には、問題となっているのは、語そのものではなく、語によって指されている物事である。

(2)　あそこに宵の明星が見える。

という文は、宵の明星について何かを言っているのであって、語「宵の明星」について何かを言っているのではない。したがって、(1)は、「ゆうずつ」という語について何かを言ってはいるが、「宵の明星」という語について何かを言っているわけではないのである。

同じことは、他の言語への(1)の翻訳がどうなるかを見ることによっても立証される。(1)を、たとえば、英語に翻訳するとすれば、それはたぶん、つぎのようなものになるだろう。

(3)　"ゆうずつ" means the Evening Star.

このように、「ゆうずつ」という語は、引用符に入ったまま残されるのに対して、「宵の明星」という語は、この語が指すものと同じものを指す英語の表現「the Evening Star」に取って代わられる。このことは、もとの(1)が、「宵の明星」という語について言っているのではなく、「宵の明星」と呼ばれたり、「the Evening Star」と呼ばれたりする、言葉以外の何かについて言っている文であることを、疑いなく示している。

それでは、なぜひとは、定義が達成することが、ある言語表現を別の言語表現に置き換えることにすぎないと考えてしまうのだろうか。ひとつの理由は、(1)を、つぎの(4)と混同するところにある。

(4)「ゆうずつ」と「宵の明星」とは同じ意味だ。

この文では、「ゆうずつ」だけでなく、「宵の明星」もまた引用符つきで用いられている。したがって、(4)で問題となっているのは、二つの言語表現――「ゆうずつ」と「宵の明星」――とのあいだの関係である。(このことは、(4)を他の言語に翻訳したらどうなるかを考えることからもわかる。)

辞書の各項目が行うことは、ある言語表現を他の言語表現と結び付けることだと言うならば、それはある意味で正しい。英語をまったく知らないひとが、英英辞書を渡されて、「Hesperus」という項目のもとに、「the Evening Star」という表現があることを見たとしても、そのひとがそこから得る情報は、せいぜいのところ、「Hesperus」という表現が「the Evening Star」という表現と同じ意味だということだけだろう。しかしながら、英語を理解しているひと、「the Evening Star」という言語表現の意味を理解しているひとにとっては、この項目が達成することは、「Hesperus」という語を「the Evening Star」という句に関連づけるだけのことではない。言語表現「Hesperus」は、「the Evening Star」という言語表現を通じて、実在へと結び付けられるのである。

したがって、定義を理解するということは、ある言語表現を他の言語表現に置き換えることができるようになるということではない。定義に用いられる言語表現を理解しないのであれば、われわれはそもそも定義を理解するとは言えないのだから、定義を理解することは、未知の言語表現の意味を既知の言語表現の意味を通じて理解するということである。よって、定義を理解することによって、われわれは、言語表現からそれが向かうものへと至ることができる。

私がすでにその意味を理解している言語があり、私がその言語を使っているのであれば、私はすでにその言語の外に出ている。(2)のような文を理解している限り、私は「宵の明星」という語を通じて、その語が指す言語外の対象に到達しているのと同様に、「ゆうずつ」という語の定義を与える(1)という文を理解するならば、「ゆうずつ」という語の定義を与えている語「宵の明星」を私が理解していることによって、私は「ゆうずつ」という語が指す対象に到達できるのである。

2 言葉から言葉の言葉へ

だが、言語的定義によっては、ある言語表現から別の言語表現へと引き渡されるだけだという具合に考えたくなるわれわれのぬきがたい傾向は、(1)のような形の文を(4)のような形の文と混同することだけから出て来るのではあるまい。あるいは、むしろこう言った方がよいかもしれない——こうした混同が、ある意味で自然であるだけでなく、不可避でもあるようにみえてしまう、もっと深い根があるのだ、と。そうした根には、少なくとも二つのものがあると私には思われる。そのうちのひとつは、不思議な感情的深みをもっているが、結局のところは錯覚にすぎない。だが、もうひとつの方は、錯覚として片付けることはできず、言語的定義と限らずどのような手段によっても「言語の外」に出ることはできないという、より極端な結論にひとを向かわせるだけの力をもっている。

言語的定義は、ある言語表現を他の言語表現によって説明するだけのものであるから、それによってわれわれの手元に与えられるのは別の言語表現にすぎず、その言語表現がいくらわれわれにとって既知のものであろうが、言語表現が向かう当のものは与えられていない。言語的定義がまったく言語の内部の事件にすぎないと思われてしまう理由のひとつは、たぶん、こう考えるところから来る。そして、ここにはつぎのような一般的事情がひそんでいる。

言語とそれが向かう何か——それは、意味だとか世界だとか事態だとかといった具合にさまざまな仕方で呼ばれる——の関係について語ろうとするならば、「語ろう」というのだから当然のことにも、言語が用いられることになる。だが、ここで用いられるのがまさに言語であるというただそれだけの理由から、そもそもそれについて語ることが意図されていた意味・世界・事態といったものは、語られることによって、さらに遠ざかってしまうように思われる。

言語によって言語について語ろうとすることは、このように、一種めまいに似た感情を引き起こす。しかしながら、こうしためまいの背後にあるはずの考えを、しどろもどろになることなしに語ることはむずかしい。

前節で論じたことは、言語的定義の例として挙げた(1)は、言語とそれが向かう何かとのあいだの関係を述べる文でもあるということであった。このことをはっきりさせるために、(1)をつぎのように言い直してみよう。

(5) 「ゆうずつ」は宵の明星を指す。

この文は、言語表現「ゆうずつ」と、ある巨大な物体——つまり、宵の明星——のあいだに、前者が後者を指すという関係が成り立つことを述べている。そして、まったく同じことは、つぎの文についても言える。

(6)「宵の明星」は宵の明星を指す。

この文は、(5)よりもさらに明瞭な仕方で、ある言語表現とある物体とのあいだに、前者が後者を指すという関係が成り立つことを述べている。

だが、(6)は、何かしこりに似た感情を引き起こす。それが、言葉とものとのあいだの関係を表すもっとも単刀直入なやり方を示しているにもかかわらず、その結果が、われわれの期待と何かすれちがっているように感じられるからである。((5)が類似した感情を引き起こしても不思議ではないのに、そうならないのは、(5)が、(6)ほど単刀直入な言い方ではないからだろう。)

言葉と、ものそのものとのあいだの関係を、われわれは捉えたいと思う。一方には、言葉——「宵の明星」——があり、他方には、その言葉に関係づけられているものそのもの——宵の明星——があるという具合に考えたいのである。だが、この関係を言語で表現するためには、この関係の両項——「宵の明星」という言葉と宵の明星——が言葉によって代理される必要がある。「宵の明星」という言葉に対しては、この言葉を指す言葉「「宵の明星」」が必要となり、宵の明星に対しては、それを指す言葉「宵の明星」が必要となる。したがって、(6)のように、言葉とものとのあいだの関係を言葉で表現しようとするならば、言葉を表す言葉と、ものを表す言葉とが必要となり、言葉がかかわっているはずのものそのものを捉えようとして、かえってわれわれは、言葉を一段昇ってしまったような印象を受けるのである。

言葉を一段昇ってしまったという、この印象をさらに説明することもできる。われわれがもともと捉えたかったのは、(2)のような、とくに何の変哲もない文のなかで働いている言葉「宵の明星」と、それがかかわっている世界の側の何かとのあいだの関係であった。文(2)に現われているのは、宵の明星を指す言葉であるかもしれないが、結局のところ、それは単なる言葉でしかない。捉えたいのは、この言葉の、いわば先にある宵の明星そのものと、この単なる言葉とのあいだの関係である。だが、そう試みることによって結果するのは、(6)でしかない。(2)に現われている単なる言葉「宵の明星」が、そこにも現われるだけではない。この言葉の向かっていた宵の明星そのものから、さらに遠ざかる、この言葉を指す言葉「「宵の明星」」が現われてきてしまうのである。

こうした印象、それが引き起こすある種のめまいに、私は十分共感できる。だが、同時に私は、これが、結局のところ、錯覚によって引き起こされたものだとも思う。冷静になって考えてみるならば、ここにあるのは、言語に限らず、何かによって何かを表現するということ一般について成り立つ、ごくごく当たり前の事実にすぎない。

絵の場合を考えてみよう。何かを絵に描く——何かを絵で表現する——ということは、実物を絵のなかに登場させることではない。その何かの絵を一部分とする絵を描くことである。何かが何かの絵であるということを、絵によって表現することはできるだろうか。たとえば、ある絵が(1)ソクラテスの絵であることを絵で描くことはできるだろうか。考えられるひとつのやり方は、こうである。つまり、ソクラテスがいて、ソクラテスの絵を描いている画家がいるといった絵を描くことである。この絵のなかに描かれるソクラテスの絵は、ソクラテスの絵の絵になる。絵のある部分と別の部分とを順番に指さしながら、われわれは、「この人物がこの絵のモデルだ」と言う。だが、そこでわれわれが指しているのは、「この人物」を描いた絵と、「この絵」を描いた絵なのである。これは、言語の場合と同様である。ソクラテスの名前と、その名前の名前を含む文を用いることによって、われわれは、「これをこの名前は指す」と言うのである。

表現についての当たり前の事実とは、何かが何かの表現であるためには、両者は違うものでなくてはならないということにすぎない。表現する何かは、表現される何かの代理をつとめる。私の代理として私以外の誰かを行かせることはできるが、私自身が出かけて行って私の代理をつとめるというわけにはいかない。そして、もうひとつ付け加えるならば、私の代理が誰か代理を立てたいと思うならば、それを私に頼むことはできない。私の代理の代理が結局私自身になるということが不可能なように、何かの表現の表現が、このもとの何かになることはできない。(AがBの表現であるならば、AとBは同一ではありえない。また、AがBの表現であり、BがCの表現ならば、AはCと同一ではありえない。)

3 言語の外に出ることと言語の外に立つこと

さて、錯覚と言って済ませるわけに行かない別種の考慮は、言語的定義において、定義を与えている側の言語表現を私が理解している、あるいは、その意味を知っているということは、いったい何に存す

るのかという問いから引き起こされてくる。もう一度、

(1)「ゆうずつ」とは、宵の明星のことだ。

に戻ろう。先にも述べたように、この定義によって、われわれが「ゆうずつ」という言語表現から実在の一要素へ至ることができるのは、ここで定義項としてはたらいている「宵の明星」という言語表現をわれわれが理解している、あるいは、その意味を知っているときに限られる。そして、ここで出て来る問いは、「宵の明星」という言語表現について私が何を理解しているからこそ、この言語表現を通じて、実在の一要素である宵の明星に至ることができるのかという問いである。だが、この問いへの答えは自明であると思われる。それは、まさに、前節で挙げた

(6)「宵の明星」は宵の明星を指す。

ということを私が知っているからである。(1)のような言語的定義によって未知の言語表現からそれが向かうものへと至る過程は、二つのステップに細分化して考えることもできよう。つまり、第一のステップで私は、先に出てきた

(4)「ゆうずつ」は「宵の明星」と同じ意味だ。

ということを知り、ついで、第二のステップにおいて、これと、(6)によって表現される私がもっている知識をあわせて、実在の宵の明星に最終的に至るという具合にである。(6)のような知識の後ろ盾が欠けている場合、ひとは(4)の段階にまでしか達することができず、結局のところ、(1)は理解されないままにとどまる。したがって、(6)を知っているということは、(1)が定義として機能するために不可欠である。

だが、ここでひとつの疑惑がもちあがる。(6)のような形の文で表現される知識をもっていることが、「宵の明星」という言葉を理解していることの保証として十分でないと論じられるように思われる。「ゆうずつ」が何を意味するのかを知らなくとも、これが何かの名前であるということさえ知っているならば、われわれは、つぎの(7)をも知っていると言えるのではないだろうか。

(7) 「ゆうずつ」はゆうずつを指す。

よって、(7)の知識が「ゆうずつ」の理解の保証を与えないように、(6)の知識は「宵の明星」を理解していることの保証とはならない。

ここでひとは、ひとつの区別を持ち出そうとするかもしれない。すなわち、(a)ある文が真であることを知っていることと、(b)その文が表現している命題を知っていることという区別である。[2] こうした区別をするならば、「宵の明星」は理解しているが「ゆうずつ」は理解していないひとは、(7)に関してはそれが真であることを知っているのみであるが、(6)に関してはそれが表現している命題をも知っていると言えるだろう。だが、ある文についてのあるひとの知識が、(a)に該当するケースなのか、それとも、(b)に該当するケースなのかを決める一定の要因が、そのひとに関して存在するはずである。(6)についての私の知識が(b)の種類のものであるのに対して、(7)についての私の知識が(a)の種類のものにとどまるということは、何によって決まるのだろうか。もしもそれが、(6)で引用符なしに現われている方の「宵の明星」という言葉を私は理解しているが、(7)で引用符なしに現われている方の「ゆうずつ」という言葉を私は理解していないことに存すると言うならば、それは完全な循環である。そう考えるならば、「宵の明星」という表現を私が理解していることを、(6)の知識に基づかせようとしても、この知識が私の理解を支えることができるためには、まさにこの同じ理解を前提せざるをえないことになるからである。

こうした循環を避ける方策はあるだろうか。ひとつの「伝統的で自然な考え方」によれば、「語を理解することとは、ある概念をそれに結び付けること」である。[3] つまり、私が「宵の明星」という言葉を理解しているのは、私がこの言葉に、ある概念――宵の明星概念――を結び付けているからだということになる。そして、(6)についての私の知識が(b)の種類であるのに対して、(7)についての私の知識が(a)の種類であるのは、宵の明星概念を私はもっているが、ゆうずつ概念を私はもっていないという事実によって説明される。だが、こうした考え方には二つの大きな弱点がある。ひとつは、概念と言葉のあいだの結合をどのようなものとして説明するかということにある。[4] そして、もうひとつは、「宵の明星」という言葉を用いずに、宵の明星概念を同定することがはたして可能かという点である。

たしかに、宵の明星概念を同定するためには、この特定の言葉「宵の明星」を用いる必要はないかもしれない。たとえば、「the Evening Star」という言葉によって宵の明星概念を同定するということは十分考えられる。しかしながら、いかなる言葉も用いることなしに、宵の明星概念を同定することは可能だろうか。

ここできわめて誘惑的と思えてくるのが、ワイスマンの「テーゼン」の、冒頭で引用した箇所にも現われている「直示」という考え方である。夕方の空の一角を指さして「あれが宵の明星だ」と言うことが、その聞き手のなかに、宵の明星概念を生み出すとともに、この概念と「宵の明星」という言葉とのあいだの結合をも生み出すと考えることである。

しかし、こうした考えに未来がないことも明らかである。『哲学探究』第一部の初めの方のページが示すように、直示的定義には、概念そのものと、概念と言葉の結合を二つともに、生み出す力は備わっていない。

私が自身の言語を理解しているということ、このことは、いったい何によって可能となっているのか。とりわけ、私に関するどのような事実がこのことを可能としているのか。こうした問いに答えるには、答えるのであるから当然にも、自身の言語を用いて答える以外に方法はない。それゆえに、こうした努力は、常にすでに、自身の言語の理解を前提としている。だが、それは、言語の外に出られないということではなく、言語の外に立つことはできないということである。われわれは日々、言語を使うことによって、言語を通じて、言語の外に達しているのであって、まさにそのような仕方で言語の外に出て行くことができないのであれば、言語は何の役にも立たないのである。

註

（1） 付論IIを参照のこと。

（2） M. Dummett, *The Logical Basis of Metaphysics*, 1991, Harvard University Press, pp. 69-72.

（3） R. Larson and G. Segal, *Knowledge of Meaning*, 1995, MIT Press, p. 182.

（4） M. Dummett, *op.cit.* p. 111.

付論I　内的関係

『論理哲学論考』によれば、

(6) 「宵の明星」は宵の明星を指す。

は、内的関係を表す文であると言われるだろう。そして、それゆえ無意味な文であるとされよう。内的関係を表すがゆえに無意味とされる文は、(6)だけとは限らない。引用符がいっさい現われない(2)を除けば、本文で例示した文すべてが、ウィトゲンシュタインによれば無意味な文となる。本文での私の立場は、これらの文を無意味とは考えない立場である。したがって、この点についていくらか補足しておこう。

ところで、「内的関係」という概念は、しばしば、きわめておおまかな特徴づけだけで用いられていることが多い。そこで、ここではまず、この概念をできるだけ正確に特徴づけることから始めよう。

aがbに対してもつ関係Rが内的であると言われるのは、bに対してRという関係をもつことがaにとって本質的である――bに対して関係Rをもたないものはaではありえない――ときである。典型的な内的関係の例としては、自然数のあいだの〈つぎの数である〉という関係を挙げることができる。1に対して〈つぎの数である〉という関係をもたないような数は、2ではありえない。したがって、2が1に対してもつ〈つぎの数である〉という関係は、内的関係である。

aがbに対して関係Rをもつならば、bはaに対してRの逆関係$\breve{R}$をもつ――aRbならば$b\breve{R}a$。aがbに対してもつ関係が内的であるからと言って、bがaに対してもつ関係$\breve{R}$もまた内的であるとは限らない。話の都合上、クリプキに倣って、人がどの親から生まれたかはその人にとって本質的であるとしよう。そうすると、たとえば、森茉莉が森鷗外に対してもつ、〈子である〉という関係は、内的関係である――森鷗外の子でない者は、森茉莉ではありえない。だが、森鷗外が森茉莉に対してもつ、その逆関係〈親である〉は、内的関係ではない――森鷗外は、森茉莉の親でなかったとしても、森鷗外であり続けることができる。もちろん、内的関係の逆がまた内的である場合もある。〈つぎの数である〉の逆関係〈直前の数である〉がその例である――2が1に対してもつ〈つぎの数である〉が内的関係であるのと同様に、1が2に対してもつ〈直前の数である〉は内的関係である。このようにその逆関係もまた内的となる内的関係を、ここだけの言い方であるが、「強い内的関係」と呼ぶことにしよう。

さて、『論考』によれば、(6)に現われる関係はただ内的であるだけでなく、強い内的関係でもあると思われる。『論考』で「内的関係」と呼ばれている関係はすべて、強い内的関係でもあるというのが、現在の私の印象である。内的関係の概念は、それを特徴づけるのに用いられている「本質的」という様相概念をどう解釈するかによって変化する。たとえば、『論考』の枠組みでは、ここで例に挙げた〈子である〉が内的関係となることはないと思われるが、その理由は、『論考』の様相概念とクリプキ流の様相概念の違いに求められよう。ある種の様相概念によって内的関係を特徴づけるならば、すべての内的関係が同時に強い内的関係ともなることは十分考えられる。したがって、『論考』における内的関係の十全な特徴づけのためには、ここで提示したような一般的特徴づけにとどまっていてはならない。内的関係がなぜ言語によっては表現できないとウィトゲンシュタインが考えたかという（ここで論じることはできない）重要な問題に対する解答も、現在のような一般的特徴づけからは得られない。誰も〈子である〉という関係は言語によって表現不可能とは考えないだろうからである。

それはさておき、(6)に現われる関係〈指す〉がなぜ強い内的関係であるとみなされたのか、その理由を見ておこう。表現「宵の明星」が宵の明星に対してもつ〈指す〉という関係が内的とされる理由は、この言語表現が宵の明星をもしも指さなければ、それは表現として異なるものとなると考えられたからである。表現「宵の明星」は、『論考』で「シンボル（Symbol）」と呼ばれているものの一例である。シンボルは、記号（Zeichen）と対比される。単なる記号は、事態や対象と対応づけられることによってシンボルとなる。したがって、(i)記号として異なっていても、それらが同一の事態や対象に対応づけられているならば、それらは同一のシンボルであり、(ii)同一の記号が用いられていても、それらが異なる事態や対象と対応づけられているならば、それらは異なるシンボルである。よって、シンボルとみなされた限りでの表現「宵の明星」にとって、それが宵の明星と対応づけられている——それが宵の明星を指す——ということは本質的である。

一見したところ、関係〈指す〉の逆関係〈指される〉もまた内的であるというのは、法外な主張であるとみえる。⑹を、この逆関係を用いて言い直せばつぎのようになる。

⑹　宵の明星は「宵の明星」によって指される

まず指摘されるのは、宵の明星を指すのは必ずしも「宵の明星」だけではないということだろう。「ゆうずつ」がそうだし、「the Evening Star」もそうである。さらに、それを言うならば、「明けの明星」や「金星」であってもよいはずである。だが、これらはすべて記号（Zeichen）のレベルでの相違であるとされるだろう。上記の(i)に従えば、これらの記号はすべて同一の対象に対応づけられるがゆえに、同一のシンボルなのである。よって、宵の明星が、シンボルと解された限りの「宵の明星」に対しても つ〈指される〉という関係は内的なのである。（私自身の意見としては、〈指される〉という関係が内的であるというこの主張は、一見したところ法外であるだけでなく、実際にも法外である。さらに、この法外な主張を支えている前提もまた、信じがたく法外であると私は思う。したがって、これほどに法外な主張が『論考』に含まれているわけではないとする解釈者も多い。こうした点にいま立ち入ることはできない。問題のありかを知るには、Hans-Johann Glock, *A Wittgenstein Dictionary*（1996, Blackwell）の "Sign / Symbol" の項が役立つ。）

⑹のような文において表現されている関係が内的関係であるとされている限り、現在なされているよ

うな意味論的研究はそもそも成り立ちえなかったはずである。とりわけ、その方法論上の支柱とも言うべき、対象言語とメタ言語の区別、および、ひとつの言語がさまざまな解釈を許す——さまざまなモデルをもつ——という観念は、不可能である。

カルナップやタルスキに起源をもつ意味論的研究の大きな特徴は、言語からいったん意味をひきはがして、言語を純粋に記号の集合体と考える点にある。シンタクス（統語論）とセマンティクス（意味論）という区別は、言語からの意味のひきはがしということがなければ出て来ない区別である。この立場からすれば、言語表現は、第一義的にはシンボルではなく記号である。よって、言語表現が何かを指すとか何かを意味するという関係は、外的な関係となる。

(6)の主語「「宵の明星」」が記号を指すのかシンボルを指すのかに応じて、(6)の解釈は違ってくる。引用符にくくられた「宵の明星」を記号とみなすときには、(6)は外的関係を表す文であり、この同じ表現をシンボルとみなすときには、(6)は内的関係を表す文である。記号とシンボルという区別は結局のところウィトゲンシュタイン自身の区別なのであるから、かれがなぜ(6)を外的関係を表す文であると考えなかったのかが問題となろう。その答えはたぶん、シンボルとは違って単なる記号は、いかなる対象とも〈指す〉といった関係に立つことはできないということだろうと、私は推測する。かれによれば、〈指す〉のような意味論的関係に立ちうるものはシンボルだけである。したがって、外的関係を表すものとして(6)を解釈しても、(6)が内的関係を表すと解釈したときと同様、(6)は、「赤は青よりも高い」といった文と同じく、無意味な文となる。

私の立場は、先にも述べたように、(6)——そして、それと類似したさまざまな文——は無意味ではなく十分に有意味な文であるというものである。だが、私はまた、『論考』のウィトゲンシュタインのように、これらの文が、言語——より一般に表現——の本質を示す「重要なナンセンス」だと考えたくなるのもわかる気がする。

現在の言い方では、(6)ならびにそれと類似の文は、メタ言語に属する文である。意味をいったん完全に剝奪された言語は対象言語となり、その後で、メタ言語を通じて意味が再付与される。(6)について言えば、語「宵の明星」は、まず対象言語の語として主語に現われるが、この場合それは記号として現われる。そして、同じ語が(6)の述語の一部として現われるとき、今度はそれは、メタ言語の語として意味を伴った形で、すなわち、シンボルとして現われる。このシンボルについて語ろうとするならば、それは、当然、言語的表現によって代理されなければならない。だが、シンボルを代理するはずの言語的表現はそれ自身シンボルでもある。

例で説明しよう。引用符なしの「宵の明星」は、宵の明星を指すものとして、つまり、意味作用を伴うものとして、シンボルとして用いられている。だが、このシンボルについて語ろうとして、引用符つきの「宵の明星」、すなわち、「「宵の明星」」という表現を用いるならば、この後者の表現は、「宵の明星」を指すものとして、それ自体シンボルである。

ところで、シンボル「「宵の明星」」が指す「宵の明星」が、シンボルとしての「宵の明星」であることは可能だろうか。それが可能であるためには、「「宵の明星」」によって指される「宵の明星」が宵の明星に対してもつ関係——すなわち、指すという関係——が、そのまま保持されているのでなくてはなるまい。だが、そのことをどうやって保証できるだろうか。そうした保証はないと私には思われる。そのためには、「宵の明星」が指す宵の明星が何らかの仕方で登場するのでなければならないが、表現の本質上、実物がそのままその表現として登場することは不可能である。

そうすると、残された道は二つにひとつである。(6)のような文は、シンボルのシンボルを作ろうとする無益な試みの結果生じた「言葉のごたまぜ」にすぎないとして、こうした文いっさいを無意味と宣告するか、さもなければ、シンボルについて語るのではなく、記号について語り、メタ言語におけるシンボルにすべてを代行させるという道である。現代の意味論的探究は後者の道を選んだ。そして、前者の道を選ぶ代償の大きさを考えるならば、私もまた、後者の道を選ぶべきだと思う。

付論Ⅱ　絵と言語

本文の2節での議論に関して、言語を絵と同列に扱うことはできないと言われるかもしれない。何よりも疑わしいのは、絵とそれが描くものとのあいだの関係を絵によって描くことができるという主張である。

ソクラテスがいて、ソクラテスの絵を描いている画家がいるといった絵をわれわれは想像できると、私は言った。だが、この絵のなかの画家が向かっている絵がソ、ク、ラ、テ、スの絵であるということ――もっと正確に言えば、この絵のなかの画家が向かっている絵が、同じ絵のなかのもうひとりの人物の絵であるということ――は、この絵のなかの何によって保証されるのだろうか。この絵のなかの画家から離れて立っている人物――それを表現しているのは、この絵の一部分を構成している、この人物の絵である――と、絵のなかの画家が向かっている絵――それを表現しているのは、この絵全体の別の部分を構成している、絵の絵である――とが、そっくりであればよいのだろうか。

しかし、現実の忠実な再現をめざすという「写実的な」絵のジャンルに限っても、絵と実物――絵のモデル――との関係は、類似性では尽くされない。AがBの絵であるとしても、AがBと類似していることは、AがBであるための必要条件でもなければ、十分条件でもない。まずそれが必要条件でないことは、素人画家のへたな絵の例を挙げるだけでよい。十分条件でないことを示すこともむずかしくない。私が花子をモデルにして絵を描いたとしよう。私の腕のせいで、描き上がった絵はあまり花子に似ていない。ところが、まったくの偶然であるが、この絵は、私の知らない誰かとそっくりであり、ひとからもそのことを指摘されたとする。私の絵は、花子の絵ではなく、私の知らない誰か別人の絵だということになるだろうか。答えは明らかに否定的である。

絵という表現手段によって表現できるものは、ものの空間的性質とものののあいだの空間的関係に限られる。(「表現」ということのある意味では、感情や観念もまた、絵によって表現しうることを否定するつもりはない。この意味での「表現」ということと、現実の忠実な再現という意味での「表現」ということとが、どのように相互に関連しているのかということは、興味深くもあり重要な問題でもあるが、ここで触れることはできない。)そして、何かが何かの絵であるという関係は、空間的な関係ではない。したがって、絵とそのモデルとのあいだの関係を絵で描くことはできないのである。

この点で言語は違う。言語はもっとも普遍的な表現手段である。言語とそれが向かうものとのあいだの関係を、言語によって表現することは、文(5)や(6)が示すように可能である。あるいは、少なくとも可能であるように思われる。ただし、周知のように、『論考』のウィトゲンシュタインは、言語においても、絵の場合と同様に、このことは不可能であると考えていた。本文および付論Iからも推測がつくように、この点に関して私はウィトゲンシュタインに賛成できない。だが、もっとも重要な問題、すなわち、なぜ言語は絵と違って「もっとも普遍的な表現手段」であるのかという問題が、まだほとんど手付かずで残っていることは、私も十分に承知している。

9 分析哲学から見たウィトゲンシュタイン

ウィトゲンシュタインは、分析哲学が話題になるとき、必ず取り上げられる哲学者の一人です。しかし実はそれは、基本的に誤解されたウィトゲンシュタインだと言えます。現在のいわゆる分析哲学、とくにアメリカを中心とするアカデミックな哲学の流れに、ウィトゲンシュタインは属していません。その理由をこれから説明しつつ、ウィトゲンシュタインは分析哲学者ではないが、分析哲学の歴史においてはウィトゲンシュタインが重要な存在であったこと、そして現在の分析哲学者にとっても忘れてはならない存在であることを示したいと思います。

そもそも「分析哲学」という言葉を私が使うのは、外側から見ると私がやっているような哲学は「分析哲学」と言われるからで、私は自分がやっていることは分析哲学というよりも哲学だと思っています。とはいえ、一般的な呼び名をここでは採用することにしましょう。

何が、分析哲学をそれ以前の哲学から区別するか？

さて、分析哲学をそれ以前の哲学から区別する特徴とは何でしょうか。いま、一般に、フレーゲ、ラッセル、ウィトゲンシュタインという三人の哲学者が分析哲学の源流にあると言われます。これは基本的な認識としては間違っていませんし、事実、この三人の仕事を通じて生じた二つの決定的な出来事が分析哲学の成立に深くかかわっています。

ひとつは、アリストテレス以来二千年以上続いた伝統的論理学に代わる新しい論理学が生まれたことです。そしてもうひとつは、「言語論的転回」と呼ばれる哲学の方向付けの変更です。新しい論理学を提示したフレーゲの『概念記法』が一八七九年、言語論的転回を明確にしるしづけるウィトゲンシュタインの『論理哲学論考』が一九二一年に出版されていますから、この二つの出来事は、一九世紀末から二〇世紀初めのほぼ四十年のあいだに起きたことであると言えるでしょう。

「新しい論理学」はいまでは新しくも何ともなく大学での論理学の授業でふつうに教えられている論理学ですが、この論理学の出現は後に述べるように哲学のあり方を変えるほどの大きな影響を与えました。

「言語論的転回」ということのなかには、二つのことが含まれます。ひとつは、哲学の問題は言語にまつわる誤解に基づく擬似的な問題にすぎないという主張です。もうひとつは、哲学の問題の解決は、言語の考察を通じてなされるべきであるという方法論を採用することです。

新しい論理学は基本的にフレーゲの業績であり、ラッセルがそれに次ぐ重要な貢献をしたのに対し、言語論的転回の第一の側面については、『論理哲学論考』が決定的なものです。そこでウィトゲンシュタインは、哲学の問題が言語にまつわる誤解から来る擬似問題にすぎないとはっきり言っています。他方、言語についての考察を哲学の方法とすることについては、フレーゲにその萌芽をみることができ、また、一九〇五年に発表されたラッセルのいわゆる「記述の理論」は、言語の論理的分析による哲学的問題の解消という方法の手本を示したものとして、その後半世紀にもわたって「哲学的分析のパラダイム」とされました。

細分化し、専門化していく「哲学」の変化

分析哲学の誕生を画するこの二つの出来事が生じてすでに約百年経っていますが、その結果、哲学には二つの大きな変化が生じました。この変化こそが、分析哲学をそれ以前の哲学から区別する大きな特徴です。

まずひとつは、哲学がテクニカルな、専門的な分野になったことです。別の適切な言葉が思い付かないので「テクニカル」という言葉を使わせてもらいますが、要するに、哲学的問題の考察のために、論理学をはじめとする専門的な訓練が必要になったということです。それまでの人文的な教養としての哲学の位置づけとは異なり、その専門に特有の概念と先行する理論に習熟したうえでの技術が求められるようになりました。同時に、専門が細分化されていきます。もちろん、以前から、形而上学、認識論、価値論といった区別があったり、とか、形而上学のなかにもいくつかの分野があるといったことはあり

ましたが、いまはむしろもっとはっきりと、ずっと細かく分かれています。たとえば、科学哲学と言えば、以前は理論と観察とか、法則性とか、帰納と確率といった一般的な問題をひとりの哲学者が扱っていたものですが、いまでは、こうした主題自体が細分化し、それぞれの専門家がいるだけでなく、個別科学ごとに、物理学の哲学、生物学の哲学という具合に分かれ、しかもそれを専門とする科学哲学者はその扱う個別科学の専門的訓練を受けていることが必要だったりします。哲学の他の分野においても状況はまったく同じです。比較的まとまった主題ごとに区切られた範囲で議論がなされ、それぞれの専門に特有の概念があり、そうした概念は何らかの理論を背景にしています。ですから、現在標準的とされている論理学の基本的な訓練を受け、その分野での標準的な理論や論争点が何であるかといったことに関する専門家のあいだの合意について知らなければ、現在の哲学に参加できず、そもそも理解さえできないことになります。

アカデミックな哲学に限って言えば、いま、哲学は、数学や物理学とはたしかに比べものになりませんが、それでも非常に理論的な、ある程度の訓練を受けた人でなければそれに参加できない分野になっています。それは、英語圏の代表的な哲学雑誌『*Journal of Philosophy*』、『*Mind*』、『*Philosophical Review*』などを見ると一目瞭然です。そもそも専門知識がなければ理解できない術語や記号を使っているものが多いだけでなく、そうした術語や記号が現れない論文でも、その分野の先行文献を踏まえていなければ、十分に理解することは無理でしょう。

こうした専門性の追求は、インターネットによって新しい論文を公表することが素早く簡単にできるようになり、誰もがどこからでもダウンロードして読めるようになったことによって、さらに拍車をかけられる傾向があります。たとえば、「*Stanford Encyclopedia of Philosophy*」というインターネット上の哲学事典があります。これはその名の通りスタンフォードに本拠があるものですが、実に多くの項目から成り、比較的若手、中堅のその分野の専門家が書いています。それらは辞典の一項目というよりも、論文くらいの分量があります。また、インターネット上の事典の強みで常に更新されています。ですから、たとえば「知覚の哲学」の分野で音についての議論が活発になると、「音の哲学」といった項目ができ、更新されるごとに新しい論文が文献リストに次々と加えられていきます。いま、哲学の大学院生が「音について考えたい」と思ったら、「まずは *Stanford Encyclopedia* の音についての項目を読んで、その次には、そこに挙がっている論文を読もう」ということになります。これはやはり、非常に専門化した研究になっていると言わざるをえません。これは、二〇世紀以降の哲学が、一九世紀までの哲学に比較して大きく変わった点でしょう。

二〇世紀の哲学に生じたもうひとつの大きな変化は、哲学全体にとっての中心分野の変更ということです。ただし、この変化はすでに過去のものであって、現在はまた別の変化が生じつつあると考えるひとが多く、いまとなっては多少時代遅れの感じがあります。これは、「哲学の問題への解決は言語の考察を通じてなされるべきである」という方法論が言語論的転回の結果広く受け入れられたために、真理、指示、意味といった言語にとっての基本的概念を扱う分野――これを「言語哲学」と呼びます――が哲学全体にとって非常に重要な分野になったことです。つまり、デカルト以降の近代哲学においては認識論が哲学の根幹にあったのに代わって、言語哲学が哲学全体にとってのもっとも基礎的な分野とみなされたのです。

二一世紀を迎えた現在、哲学が専門化し細分化していることは間違いありませんし、それはさらに進行しているとも言えます。他方、いまも述べたように、言語哲学が哲学全体にとっての基礎的分野であるという見方の方は、現在それを支持する人はごく少数でしょう。つまり、「言語論的転回」の時代はほぼ終焉したと考えていいだろうということです。

分析哲学の形成——現代論理学の創始者、フレーゲ

先ほども言いましたように、二〇世紀以降の哲学のこうした変化に大きく貢献したのはフレーゲとラッセルでした。フレーゲは、何よりも現代論理学の創始者として、哲学がテクニカルな分野になるひとつのきっかけを与えました。それだけでなく、フレーゲは、この論理学を用いて、自身の哲学的な主張を正当化しようとしたことで、哲学そのものをテクニカルな分野に変貌させることにもっとも大きく貢献した人物です。フレーゲは、数についての学問は基本的に論理から出てくることを主張していました。一九世紀までの数学は大きく、図形についての学問である幾何学と、数についての学問とに分かれると言ってよいでしょう。フレーゲは、数学の二つの柱の一方の、数についての学問——かれはそれを「算術」と呼びました——が論理学から導かれることを証明しようとしたのです。そして、単にそのことを主張するだけではなく、また、言葉のうえでの何となくもっともらしい議論をするだけでもなく、厳密な仕方で証明するために論理学を作ったのです。フレーゲは、論理主義という哲学的主張を擁護するために、この主張を厳密な仕方で定式化し、それを正当化するための数学的にソフィスティケイトされた

理論装置を作ったのです。哲学がテクニカルな分野に変貌することになったのは、フレーゲのこうした仕事のおかげだと言えるでしょう。

このフレーゲのような考え方はラッセルにもありました。具体的な理論としては展開してはいませんが、ラッセルは『外部世界はいかにして知られうるか』（一九一四年）において、物体などの外的な世界は、それぞれの人がもっている感覚的な印象によって構成できると考えました。ラッセルはこうした考え方をスケッチしただけでしたが、このことを実際に数学と論理学を使ってやろうとしたのが、カルナップです。これもまたテクニカルな理論構成によって哲学的な主張を正当化しようとした例であると言えるでしょう。

分析哲学の広がり——現代論理学のスポークスマンとしてのラッセル

ラッセルの分析哲学における役割は、いま挙げた点よりもほかの部分でより重要で、それは大きく二つに分けられます。ひとつはホワイトヘッドと共同で『数学原理』（一九一〇〜一九一三年）を執筆したことです。これは全部で三巻から成り、積み上げると厚みが三十センチ近くにもなる大著で、なぜか日本の大学の数学科の図書室にはたいていあるようですが、その巨大さとタイトルによって、現代論理学の存在を世の中に広くアピールすることになりました。

また、ラッセルは「ラッセルのパラドックス」と呼ばれるパラドックスを発見しました。これは、ラッセルがフレーゲの体系のなかに発見したパラドックスですが、そのことにより、新しい論理学は数学の基礎と深く関係があることを示し、この論理学が、哲学者や一部の数学者だけが問題にすべきことではなく、数学、そして物理学など数学を使うすべての科学に影響を及ぼしうることを印象づけました。これもまた新しい論理学にとって大きな宣伝効果があったでしょう。

フレーゲの場合は、その記号法が非常に使いにくいものだったこともあって、一般には読まれませんでしたが、ラッセルによって現代の論理学は非常に広く普及するようになりました。そういう意味合いで、ラッセルは現代論理学のスポークスマンという、非常に大きな役割を果たしたと言えるでしょう。

もうひとつの重要な役割は、先にも述べましたが、一九〇五年に「記述の理論」を発表したことです。この理論では、日常言語がもっている表面的な形式が哲学的な誤りの原因となること、しかし、論理的な分析を行うことによってそういった誤りを正すことができることが主張されています。これは言語論的転回において非常に大きな役割を果たしました。

ウィトゲンシュタインは分析哲学に何を貢献したのか

ここまでで、フレーゲとラッセルが、分析哲学の形成に大きく貢献したことは、わかったのではないでしょうか。最初に言いましたように、ウィトゲンシュタインももちろん、フレーゲ、ラッセルと並んで必ず分析哲学の源流として名前が挙がります。では実際にウィトゲンシュタインは分析哲学においてどのような役割を果たしたのでしょうか。

一言で言ってしまえば、ウィトゲンシュタインの場合は、『論理哲学論考』がさまざまに誤解されたことを通じての貢献が中心です。しかし、誤解を通じてではない仕方で、分析哲学の基本的な主張や議論のスタイルにウィトゲンシュタインが貢献した側面もあります。それには次の二つを挙げることができるでしょう。ひとつは、哲学的問題は、すべて言語の論理の誤解に基づく擬似問題であると宣言したことです。これはある意味では極端ですが、『論理哲学論考』のなかに出てくる主張です。同じような主張がウィトゲンシュタインの後期にも、基本的には変わらず維持されていると思います。哲学は基本的に誤解に基づくものであり、だから、哲学の問題はちゃんとした問題ではないという考えです。そうすると哲学自体もある意味ではちゃんとしたものではないと言えます。ウィトゲンシュタインはおそらく、一生、自分が哲学をやっていることについてある種の後ろめたさをもっていたのではないでしょうか。自分は仕方ないからやるけれども、まともな人は哲学などやらなくていい、あるいは、やるべきではないという考えだったのではないかと思います。たとえば、かれがケンブリッジで教えた人たち何人かに、哲学者になることを勧めないでむしろ医者になれなどと言っていましたから。

ウィトゲンシュタインのもうひとつの貢献は、一九三〇年代以降のケンブリッジでの授業や『青色本』、死後に出版された遺稿などによって、新しい哲学の仕方を示したことです。『青色本』は、授業を行う代わりにかれが口述筆記したものですが、これはすぐにコピーが作られて回覧され、ウィトゲンシュタインが生きているあいだに、ケンブリッジだけではなくオクスフォードや、さらにはアメリカの大学にまで流布しました。かれの死後、ケンブリッジでの講義の様子を回想した文章を書いた人がたくさんいますから、そうしたものを読むとわかるのですが、ウィトゲンシュタインは「自分は過去の哲学をほとんど知らない。そういうものとは無関係に議論をしよう」と豪語していたといいます。そして、哲学的用語――たとえば、実体、理性など――を一切使わないで哲学を行う可能性を示しました。これは、授業に出た人たちにとって大変なおどろきだったようです。有名なマルコムの回想録（『ウィトゲンシュタイン――天才哲学者の思い出』）を見るとよいでしょう。つまり、ウィトゲンシュタインは、過去の哲学者が書いたものを読み、過去から受け継がれてきたさまざまな概念を使ってむずかしそうなことを議論するというスタイルとはまったく違う仕方で、哲学の議論ができることを教えたと言えるでしょう。

分析哲学に反対するウィトゲンシュタイン

ウィトゲンシュタインの重要な貢献の第一として挙げた「哲学的問題はすべて言語の論理の誤解に基づく擬似問題だ」という考え方は、ラッセルの「哲学的誤謬の源は日常言語の表面的形式に惑わされることにある」というアイデアをさらに極端化したものです。ウィトゲンシュタイン以後の分析哲学者は、これほどの極端な主張は受け入れませんでした。哲学の問題のなかには言語の論理の誤解によるものもあるだろうが、単なる擬似問題ではないきちんとした哲学の問題があるだろうというのが、多くの分析哲学者が考えていることだと思います。

しかし、意味と意義の区別についてのフレーゲの議論、ラッセルの「記述の理論」に加えて、ウィトゲンシュタインの『論理哲学論考』での真理や指示や意味についてのさまざまな主張は、多くの人に、哲学の問題をきちんと考えていくためには、真理や指示や意味について考察することが不可欠であると考えさせたと言えます。それによって、言語哲学が哲学全体にとって中心的な位置を占めるという考えが一般に広まったのだと思われます。

だが、他方で『論理哲学論考』はさまざまな誤解を生み出しました。ウィトゲンシュタインを誤解した哲学者たちのなかでその後の哲学の展開にもっとも大きな影響を与えたのは、論理実証主義者たちです。カルナップがその代表的な哲学者ですが、論理実証主義者は、過去の哲学を全否定して、まったく新たな営みとして哲学を出発させようとしました。また論理実証主義者の多くは、第一次大戦後の革命的雰囲気のなかで生きたモダニストとして、文化一般や政治においても過去を全否定する革命的志向をもっていましたから、過去の哲学は間違っているのではなくすべて無意味なのだという『論理哲学論考』の主張は、自分たちのものの見方に合うと思えたのでしょう。

もちろん、過去の哲学と絶縁した形で新しく哲学をし直すことができるという考え方は、『論理哲学論考』から教わるまでもなく、論理実証主義者が最初からもっていた考え方かもしれません。ただ、論理実証主義者がウィトゲンシュタインと決定的に違うところは、「哲学とは知的な成果を生み出すことを目指す理論的な営みである」という考え方が、どうしても抜けなかった点だと言えます。

フレーゲ、ラッセル、論理実証主義者たちとウィトゲンシュタインのもっとも大きな違いは、『論理哲学論考』ではまだそれほどはっきりしていませんが、後期になるとはっきりします。ウィトゲンシュタインは「哲学は頭の問題ではなく、感情の問題だ」と言います。知的な意味で間違っている考え方を正すといったような話ではなく、感情のあり方からして変えなくてはならないということをよく言うようになるのです。フレーゲ、ラッセル、論理実証主義者のいずれにとっても、哲学は知的な営み以外のものではありません。このことを真っ向から否定したという点で、ウィトゲンシュタインはかれらとは根本的に違う哲学者です。現在の分析哲学者の多くもまた、哲学は知的な営みであると考えているでしょうし、私もそう考えています。したがって、私もウィトゲンシュタインとは根本的に違う哲学観のもとで哲学の問題を考えています。

繰り返しになりますが、論理実証主義者は、哲学とはあくまでも知的な営みであり、そしてそのやり方は理論を作ることであり、その場合の理論は、科学的な理論と同じような理論であり、哲学は科学的な方法に基づくべきだと考えていました。論理実証主義者が自分たちの哲学的主張を宣伝するために作ったパンフレットのなかで「科学的世界観」という言い方をしたのに対し、ウィトゲンシュタインは激怒したということです。ウィトゲンシュタインは基本的に反啓蒙主義で反科学主義です。おそらく「科学的な方法」などはもっとも嫌いだったのではないかと思いますし、哲学において理論を作ろうとするなどというのは愚の骨頂であると繰り返し述べています。『青色本』のたいへん印象深い箇所でウィトゲンシュタインは、哲学者の眼の前には常に科学的方法という考えがちらついていて、それが非常に大きな間違いを犯す原因になると述べています。同様な考えは『青色本』に限らずかれの書いたものの多くの箇所にもみられます。そうすると、真理や指示や意味といった概念についての考察をひとつの理論としてまとめあげようとすること、そして、そうした理論をもとに哲学的問題を解決しようとはかること、こうしたことはすべて、理論をありがたがる哲学者の悪癖以外の何ものでもないとウィトゲンシュタインは批判するに違いありません。つまり、「言語哲学」にもウィトゲンシュタインは反対するのです。

そうすると、結局、ウィトゲンシュタインは二〇世紀以降の分析哲学の大きな特徴である「テクニカルで専門的な分野としての哲学」、そして、「真理、指示、意味といった概念についての理論的考察をその中心に置く分野としての哲学」のどちらに対しても、根本的に反対するということが見えてくるでしょう。ですから、ウィトゲンシュタインは分析哲学者ではなく、むしろ、分析哲学に反対する哲学者だということになります。これがだいたい一九八〇年頃までの分析哲学とウィトゲンシュタインとの関係だと言えます。

一九八〇年代以降の展開

現在、分析哲学は、専門性や細分化の方向をどんどん進めていく傾向にあります。さらに、自然科学の多くの分野と同様に、英語が哲学の国際語になりつつあります。少し前までフランスの人が日本に来て英語で話をすることは、まず考えられませんでしたが、最近は、もちろん分野によりますが、フランスの人でも哲学や論理の話を英語でするということがそれほど珍しくなくなってきています。ドイツは英語圏の分析哲学をかなり早い時期から積極的に輸入してきた国ですから、分析哲学やそれに近いスタイルで議論をする人たちが英語で論文を書くのにそれほど不思議はありませんが、最近はカントやヘーゲルを研究しているドイツの哲学者が英語で書き、議論をすることも非常に増えてきました。つまり、哲学のほとんどすべての分野において、いまは基本的に、英語で書かれているものを読まないと最新の研究がわからず、英語で書かなければそれに参加できないという状況になっているように感じます。そうしますと、分析哲学で出てきたような概念や理論と対比させる格好でカントやヘーゲルを読むといった流れが必然的に出てきます。哲学の専門化、細分化の傾向は、いまや哲学史の場面にまでも及びつつあると言えます。逆に、哲学史的な研究が分析哲学自体に対して盛んになされるようになってきています。この傾向が顕著になってきたのが、一九八〇年代以降のことです。そのなかでウィトゲンシュタインはどのように位置づけられているのでしょうか。

分析哲学の終焉

「分析哲学の終焉」ということが言われ出してからしばらく経ちます。おそらく、一九七九年にローティの『哲学と自然の鏡』が出版された頃からでしょうか。一九七〇年代は言語哲学が最盛期を迎えた時代です。一九七〇年に行われたクリプキの講義「名指しと必然性」(公刊されたのは一九七二年)が非常に大きなセンセーションを巻き起こし、一九七〇年代はクリプキのこの議論だけでなく、ダメットやデイヴィドソンといった人たちの議論もあって、言語哲学の議論が非常に盛んになりました。ところが、一九八〇年代に入って、それ以前の最盛期が嘘のように、言語哲学の議論が下火になります。分析哲学の終焉ということが言われ出したのは、この時期とちょうど重なるような気がします。言語哲学に代わって哲学の議論の中心として登場してきたのは「こころの哲学」です。ちょうど認知科学が出てきた時期とも合っていましたので、認知科学と哲学との協同というようなことが盛んにアメリカでも日本でも言われました。最近ではそれが脳科学に代わって、いまでは脳科学と哲学の協同ということになるのでしょう。

つまり、一九八〇年前後は、分析哲学のなかでの非常に大きな変わり目でした。その頃に始まったもうひとつの大きな傾向として、分析哲学を対象とする哲学史的研究があります。しかも、この研究も実に専門化していて、たとえば、フレーゲについても、実に細かなことまで調べるのが最近の風潮です。イエナ大学でフレーゲはどのような講義をしていたのかといったことから始まって、フレーゲが用いた数学の教科書、学生のときに聞いた数学や哲学の講義の内容までが調べ上げられています。もちろん、こうした研究は、一九世紀後半の数学史との関係からフレーゲを捉え直すといった意図のもとでなされるので、十分意義のあることです。ラッセルについても同様の事実調査がなされて、これまで知られていなかったさまざまな歴史的事実がわかってきています。しかしながら、現在および将来のラッセル研究にとってもっとも画期的だったことは、ラッセルの大量の遺稿が校訂を施され詳細な註とともに出版されたことでしょう。また、ラッセルの時代はまだドイツとイギリスの哲学が近い時期であり、当時のイギリスはヘーゲル主義の全盛期でしたから、ラッセルもドイツのものをよく読んでいるわけです。そうすると、しばらく前から言われている、分析哲学と現象学は根が同じであるという議論がひとつの例ですが、もっと広く分析哲学の源を探そうという研究も出てくるわけです。

そういう意味で、フレーゲ、ラッセル、ウィトゲンシュタインについての哲学史的研究はこの三十年のあいだ大変盛んでしたし、これからもそうでしょう。日本の場合、哲学史一辺倒の日本の哲学界のなかで、分析哲学は、問題そのものを考える哲学だと言われていましたけれども、現状は、かなりの部分が哲学史研究になってしまいました。その結果、ウィトゲンシュタインもそういう歴史的な研究の対象になってしまいます。そうすると、いま活動している哲学者が、そこから自身の哲学的考察を出発させることのできる哲学者ではないように見えます。すなわち、ウィトゲンシュタインは、哲学者の興味の対象ではなく、哲学史家の興味の対象だということになります。

実際、ウィトゲンシュタインについて書かれているものは膨大にありますが、そういった本のうちの半分以上、それどころか、おそらく大部分は、ウィトゲンシュタイン解釈の本——カント解釈の本と同じような意味合いでの解釈の本——でしょう。ウィトゲンシュタインの哲学を使って自分も哲学をしていますという本は非常に少ない。ウィトゲンシュタインを使って哲学をすることは、三十年ほど前の分析哲学のなかではもちろん、いまの分析哲学のなかでも、あまり歓迎されないことを考えれば、それも無理のないことではあります。

現代のウィトゲンシュタイン継承者

しかし、ウィトゲンシュタインをまだ生きている哲学だと考えてそれを自分の哲学に生かそうとしている人たちが少数はいます。有名なところでは、もう亡くなりましたが、ローティですね。また、パトナムはその哲学がめまぐるしいほどに変遷してきた哲学者ですが、少なくとも、しばらく前まではウィトゲンシュタインから大きなインスピレーションを受けた哲学を展開していました。そして、いま、ピッツバーグ大学にいるマクダウェルという哲学者もそうです。ローティ、パトナム、マクダウェルという、これらの人たちはいずれも、現在のアカデミックな哲学のなかでは珍しく、ひとつの専門分野内部での議論ではない形で議論されることの多い哲学者です。この人たちは専門化してテクニカルになっている現在の分析哲学に対して非常に批判的です。ごく簡単に言ってしまえば、そうしたあり方の哲学は本当の哲学ではないということです。

でも、逆に、現在の分析哲学の正統的な立場――すなわち、テクニカルな分野として確立され専門化を遂げた哲学――からしますと、ウィトゲンシュタインの哲学は「しろうと」あるいは「アマチュア」の哲学と映るだろうと思います。私の『ウィトゲンシュタイン』(講談社)のなかでも触れましたが、一九八〇年代の末に、ウィトゲンシュタインに宛てられたフレーゲの手紙やはがきの束が見つかりました。哲学的に深い内容が書かれていたものはありませんでしたが、そのなかには、送られてきた『論理哲学論考』の原稿を読みかけた段階でフレーゲが書いた手紙がありました。それを見ると、フレーゲは、この原稿の最初の数ページを見て、これはだめだと思って、それ以上読み進まなかったように思えます。フレーゲはおそらく最初の何行かを読んで、ともかく書き方がなっていないと思ったようなのです。「出てくる言葉が何も定義されていなくて困るから、説明してくれ」といった調子です。フレーゲに言わせれば、ある主張を提示するならば、自分が使う言葉をどういう形で使うのかについてきちんと説明してから使ってほしいのに、何もしてくれていないから、自分にはわからないという反応なのでしょう。何回かやりとりはあったようですが、ウィトゲンシュタインの側からの手紙が残っていないのでそれに対するウィトゲンシュタインの応答はわかりません。そこは残念ではあるのですが、残されているものから見る限り、やっぱりフレーゲは『論考』の最初の一、二ページを眺めただけで、結局、それ以上は読まなかったのではないかと思われます。

他方、ラッセルは『論理哲学論考』に序文を寄せているぐらいですから、もちろん読んだのでしょうが、ウィトゲンシュタイン自身が「ぜんぜん理解してもらえなかった」と書き残していますね。ですから、『論考』のラッセルの序文に関して、ウィトゲンシュタインはまったく評価していません。でも、ラッセルはウィトゲンシュタインを天才だと考えていましたから、『論考』にはきっとすごいものがあると思っていたことは間違いないでしょう。ところが、後期のウィトゲンシュタインに関して、ラッセルが言ったと伝えられている非常に有名な言葉があります。「ウィトゲンシュタインは考えるのに疲れて、考えなくてもすむような哲学を自分で発明したのだろう」と。これはきっとラッセルの偽らざる率直な感想だったのではないでしょうか。ウィトゲンシュタインの中期と言われる一九二九年に、ケンブリッジで研究助成金をもらうために書かれた『哲学的考察』もラッセルは読んでいて、それに対してはさほど批判的ではなく、重要な仕事であるとしながらも、「こういう方向がもし正しいのだとしたら、自分にはちょっと困ったことになる。それでは、論理はあまりにも複雑すぎるものになってしまう」という類のことを言っています。つまり、ラッセルもウィトゲンシュタインのようなやり方に関しては基本的に賛成できなかったのだと思います。やはり科学的な方法できちんとした理論を作る哲学という観点から見たときに、ウィトゲンシュタインのやり方にはあまりにも欠けたところがあるという評価でしょう。それは、哲学においては、科学的方法が基本的に重要であり、それを抜きにして哲学はありえないという考え方からです。

哲学においては誤解の可能性は常にある

でも、ローティやパトナム、マクダウェルなどのように、「こんな専門化しているのが哲学であるはずがない」という考え方ももちろんあるだろうと思います。私はそれに全面的には賛成しませんが、そういうふうに思う気持ちはわかりますし、テクニカルな問題を解決しようとして夢中になっているときに自分たちが議論していることの前提を疑わないで突き進んでしまうということはありますから、専門化とは逆の方向で全体を見渡そうとすることも重要です。もちろん、ある種の問題に関しては、ある程度テクニカルな細部まで詰めないと何も実質的なことは言えないということがあるものです。でも、自分がいま進もうとしている方向だけが唯一の可能性だという具合に考えてはいけないと思います。そのためにも、哲学においては、非常に単純な誤解をしている可能性が常にあるということを忘れてはならないでしょう。結局のところ、哲学にはそうした危険がいつもつきまとっています。誰もがあたり前だと思っていたことを哲学者は平気でひっくり返しますから。でも、それがまた、哲学の素晴らしいところ、面白いところでもあります。

哲学の問題は必ずしもすべて「言語の論理の誤解」によって生じたのではないでしょう。しかし、哲学においては、その問いが何らかの誤解から生まれたという可能性は常に念頭に置かれるべきです。だから、これはテクニカルな主題として哲学をやっている人たちにとっても重要な教えと言えるのです。

二〇世紀の哲学とそれ以前の哲学とでは、哲学に対する後ろめたさといった感覚が、哲学全体にまとわりついているという点が、大きく違うのではないでしょうか。一九世紀までの哲学を一概にひとくくりにすることはできませんが、ウィトゲンシュタイン以前の哲学者は、哲学の問題が、擬似問題であって「ちゃんとした問題」ではないといった可能性を基本的には考えてはいなかったでしょう。

ウィトゲンシュタインの哲学を「使う」ことのむずかしさ

ただ、ウィトゲンシュタインを材料にして哲学をする、ウィトゲンシュタインを使って哲学をするということについてひとつ気になることがあります。マクダウェルやパトナムやローティといった人たちにはそういうことはありませんが、ウィトゲンシュタインを使って理論的な哲学をやろうという人たちがいます。私は、これは大きな間違いだと思っています。

ウィトゲンシュタインから、言語についてでも、ほかのどんな主題でもよいですが、何らかの主張や理論を引き出そうとすることは、ウィトゲンシュタインの哲学とは基本的に反するということは知っていてほしいと思います。とくに問題になるのは、後期の哲学に出てくるいくつかのキーワードです。先ほども挙げた『ウィトゲンシュタイン』を書くとき私は、「言語ゲーム」と「生活形式」と「家族的類似」という三つの言葉は本文で一切使わないということを最初に決めました。この三つの言葉のうち、とくに「言語ゲーム」がいちばん危険だと私には思われます。この言葉を使うこと自体はべつに問題ないと思いますが、「言語ゲーム」の理論がウィトゲンシュタインにあると考えることは、はっきり言って間違いです。ウィトゲンシュタインは、「言語ゲーム」という概念を、基本的に異なる場面ごとにある特定の用途のために使っているだけです。『哲学探究』がもっとも典型的な例なのですが、ウィトゲンシュタインが何か哲学的な主張をしているように見えることがあります。でも、ウィトゲンシュタインは、基本的に哲学は何か形をとるものではないと考えています。かれによれば、哲学的な誤解、哲学的な誤りを正すのが哲学です。つまり、誰かが哲学的な誤りを犯しているのを見たならば、そのひとのところまで行って「あなたは哲学的な誤りを犯していますよ。あなたはこうした誤解をしていて、それがあなたにこう言わせるように仕向けたのです」と言うのが哲学者の役目であるという考え方です。ですから、どんな場合にも通用するような万能薬などありません。哲学的な誤解はさまざまな形で起こりえます。それは、言語がとても複雑だからです。したがって、言語の誤解の仕方もまた、とても複雑です。誤解を解くには、その誤解に至った道筋を逆に辿らなくてはなりませんから。ウィトゲンシュタインの比喩を使えば、こんがらがった紐をほどくためには、絡まったときに起こったことと同じことを逆に今度は意図的に行わなくてはならないのです。糸の絡まり方はそれぞれに違います。したがって、それを解きほごすために哲学者が行わなければならないことも、それぞれ違うことになります。それと同じように、ウィトゲンシュタインは、「一般的にこうだから」「こうであるに違いない」と言うことをとても嫌いました。そういう点でウィトゲンシュタインから学ぶべきことは、いくつかのキーワードに集約されるような概念や主張ではないと思っています。

そうすると、たとえば、ウィトゲンシュタインの言語ゲーム観を簡潔にまとめてその問題点を指摘するといった論文を書くこと自体が間違いであるわけです。ウィトゲンシュタイン研究もまた、実にむずかしいと言えるでしょう。

それでもウィトゲンシュタインを読むべき理由

いまウィトゲンシュタインの書いたものを読んで得られるもののひとつは、そこで言われていることが一般的に応用が効くかどうかはべつとして、それ自体やっぱり面白いということでしょう。つまり、ウィトゲンシュタインがあるところでこういう誤解をこのように正しているというそのやり方を、自分が直面している何らかの場面で真似ることはおそらくできると思います。哲学の問題を考えていると、何日もさまざまな点から考え続けているなかで、あるときにハッと「なんだ、こんな簡単なことか」と思いつくことがあります。気がついてみればそれは最初からあったはずの可能性なのですが、単にそれを哲学的な先入観などのせいで見過ごしていたということだと思います。こういうことは、ウィトゲンシュタインの残した書物のある特定の部分から直接学ぶことができるようなものではありませんが、ウィトゲンシュタインを読むことで、いつの間にか学んでいることはおそらくあるはずです。

ウィトゲンシュタインは、ハイデガーと並んで二〇世紀の偉大な哲学者というと必ず名前が挙がってきますけれども、本当にずっと二〇世紀の大哲学者として名前が残るかどうかは誰にもわからないでしょう。たとえば、デカルトが亡くなったのは一六五〇年で、ウィトゲンシュタインが亡くなったのは一九五一年ですから三百年違います。いまでも、三百五十年前に書かれたデカルトの著書は読まれ続けていますが、いまから三百五十年経った二三六〇年にウィトゲンシュタインがどれだけ読まれているかを考えてみると、どうでしょうか。

デカルトからの遺産としていまはっきり残っているのは、デカルトだけが作ったわけではもちろんありませんが、近代科学です。この近代科学はいまだに有効ですから、三百五十年もの長い歴史をもっていると言えます。一方、分析哲学、あるいは現代の論理学ができてから百三十年くらいです。そうすると、これがあとどのくらいの期間続くでしょうか。論理学についてはいまもいろいろな変化が起こっていますけれども、大枠としてはフレーゲが作った枠組みが、標準的なものです。それ以前のアリストテレスの論理学は二千年以上続きました。論理学は二千年ぐらい続くものなのかもしれません。でも、哲学のあり方はどうなるかわからないでしょう。

ですから、そういう意味合いでウィトゲンシュタインの哲学を非常に長いスパンで見るとどうなるかは別問題として、とりあえずいまの状況の分析哲学のなかでは、それにどのような意義があるでしょうか。

一言で言ってそれは「アマチュアの哲学」の重要性ということのように私には思えます。近年ますます専門化している哲学は、理論のうえに理論を作り上げ、先に先に行こうとしているようにみえます。自らの設定したごく限られた専門のなかではそうした方法は、有効であり、また、ある意味でやむをえないのかもしれません。しかしながら、哲学というのは、それだけではなく、もっと全体的な展望を求めるものでもあると思います。そして、全体を見渡すことができるためには、先入観にとらわれないことが何よりも大事なのではないでしょうか。専門家としろうとのうち、どちらが先入観にとらわれることが少ないか。たぶん、それは専門家の方ではないでしょう。

10

なぜカヴェルを読むのか？

——スタンリー・カヴェル、中川雄一訳『哲学の〈声〉』（二〇〇八年、水声社）に寄せて

あまり面と向かって聞かれたことはないが、私の書いたものを読んでくれているひとから聞かれてもおかしくないと、私が常日頃思っている質問は、「なんでまたカヴェルなどに興味をもつのか」というものである。それは、カヴェルが、フレーゲ、ラッセル、論理実証主義、クワインと続く哲学伝統のなかで仕事をしているとみえる人間が興味をもちそうな哲学者とはまったくみえないからだろう。たとえば、いまここで取り上げている本にしても、その第2章は日常言語の哲学の代表者として目されているオースティンにかかわるとはいえ、その取り上げ方は、いやしくもプライドのある「分析哲学者」ならば絶対にしない仕方、すなわち、悪名高いデリダのオースティン批判を通じてという仕方である。この点については後でも触れるが、ともかく、問題の質問への答えはおおよそ次のようなものである。

私がカヴェルに興味をもつ理由の第一は、私がウィトゲンシュタインの哲学に興味をもつからである。

カヴェルのウィトゲンシュタイン論に私が感謝するのは、それが、この哲学者の書いたものを読むとき私がしばしば受けながら自分ではうまく捉えることのできない印象を定着してくれていること、ときには、もとのテキスト以上に生き生きとそうした印象を甦らせてくれることに対してである。この印象が何であるかを私自身が簡潔に言えるのならば、もちろん、その限りではカヴェルを読む必要はない。しかし、カヴェルを私が好んで読むのには、それ以外にも理由がある。ひとつは、かれがその哲学的思考の出発点にとる対象の意外さと、それに並んで、どこに連れられて行くのかわからない息の長い文章のもつ不思議な魅力である。かれが扱う対象のなかには、私自身大きな興味をもてるものもあれば、逆にほとんど興味をもてないものもある。たとえば、黄金期のハリウッド映画やシェイクスピアは前者であり、デリダやエマソンは後者である。

ところで、カヴェルの文章のもつ魅力と書いたが、この文章が実は大きな曲者である。その思考の赴くままに次々と話題を変えながら、うねりくねって進む文章は、しばしば、その意味を読み取ることさえ困難である。これに加えて、頭韻や地口への好みさえあるのだから、カヴェルの言おうとしていることを、別の表現で、ましてや、まったく別の言語に属する表現で表現し直すなどということは、ほとんど見込みのない企てだと思われても無理はない。実際、私自身もつい最近まで、そう思ってきた。しかし、数年前に出た初の邦訳書『センス・オブ・ウォールデン』（斉藤直子訳、二〇〇五年、法政大学出版局）を見、そして、今回のこの訳書を見るに至って、私の考えの間違いを知ることができたのは喜ばしい。

余計なことを書き連ねたせいで、肝心の本の中身を紹介する余裕があまりなくなってしまった。副題に「デリダのオースティン批判論駁」とあるが、これは（私にとっては幸いなことに）全部で三つある章のうちの一つの主題にすぎない。この本全体を通じての主題はむしろ、哲学における自伝的要素の擁護とでも言えよう。カヴェルはしばしば哲学における「声」の重要性を強調する。本書は、一方では、ユダヤ系の移民の子として生まれ、はじめ作曲家を志したかれが、いかにして哲学と出会い（そこではオースティンとの出会いが決定的な役割を果たした）、自分の「声」を獲得するに至ったかという物語であり、他方では、比喩的なものから文字通りのものまでの「声」をめぐる哲学的省察であり、そのハイライトは、第3章におけるオペラと映画の関係についての考察である。本書を読むひとは、哲学の可能性について認識を新たにさせられるに違いない。そして、このこともまた、さまざまな障碍にもかかわらず、私がカヴェルの著作に見切りをつけない理由である。

追記　二〇一九年一二月

カヴェルは二〇一八年に亡くなったが、この文章を書いてから十年ほどのあいだにかれの著作は、「続々と」と言うのはおおげさだが、日本語に翻訳されている。私の目についたものとしては次の三冊がある。

1　石原陽一郎訳『眼に映る世界——映画の存在論についての考察』二〇一二年、法政大学出版局。
2　中川雄一訳『悲劇の構造——シェイクスピアと懐疑の哲学』二〇一六年、春秋社。
3　中川雄一訳『道徳的完成主義——エマソン・クリプキ・ロールズ』二〇一九年、春秋社。

主著『理性の要求 *The Claim of Reason*』（一九七九年）の翻訳も進行中と聞く。私として期待したいのは、カヴェルのようなスタイルで、たとえば、近松の芝居や小津の映画を論じるひとが現れることである。

III 真理・様相・意味

11 真理

真理という話題に関して、できればいつかはっきりさせたいと思っている事柄が、私には二つある。ひとつは、タルスキやデイヴィドソンのような人々が問題にする真理の概念と、たとえばニーチェが「真理」という言葉で意味しているものとのあいだに、どんな関係があるのかということである。私にとって馴染みが深いのは、タルスキやデイヴィドソンの方であり、真理をめぐる議論ということですぐに思い出されるのは、T文（「『雪は白い』は真である ⇔ 雪は白い」）だったり、うそつき文（「この文は偽である」）だったりするので、ニーチェの『善悪の彼岸』の冒頭で「真理が女であると仮定すれば、どうであろうか」などという文章を読まされたりすると、すっかりどぎまぎしてしまう。（でも、つい、読み方こそ違うが、「真理」は女性の名前ではないかなどと考えてしまいもする。）

そこで、言葉の意味をたしかめたいならば、その言葉を哲学者がどう使っているかではなく、それが日常の場面でどう使われているかをみればよいという忠告に従おうとすると、二番目の問題に出会うことになる。それは、日本語の場合に限ったことなのかもしれないが、「真理」という言葉、および、それと直接関連する言葉の「異様さ」である。

「真理」はいつ使えるか

まず第一に、通常の会話のなかで、「真理」という言葉を真顔で用いることのできるひとなど、いったいどれだけいるだろうか。この言葉がただよわせる悲壮さと滑稽さのまざりあった雰囲気は、この言葉が、もう取り返しがつかないほど哲学（や宗教）の側の言葉になってしまっていることを示してはいないだろうか。だが、たぶん、抽象名詞を取り上げて、その語感がどうのこうのと言ってもしょうがなくて、抽象名詞化される前の動詞なり形容詞なりに注目すれば、話も違ってくるかもしれない。ところが、「真理」に含まれている「真」を形容的に使う表現、「真である」や「真な」は、これまた、どうも居心地の悪い思いをさせられる表現である。（とりわけ、「真な」に関しては、それがそもそも正しい日本語なのかどうか、私はいまだに心をきめかねている。）「真である」とか「真な」という表現を使っても目くじらをたてられないのは、論理学の勉強や議論のときくらいではないだろうか。（それを言うならば、「真理」だって、論理学の場面ではそれほどおかしくない。他方、論理学のことをいっさい知らないひとが、はじめて「真理表」という表現に出会ったとすると、どんな感想を抱くだろうか。）

しかし、私に馴染みがある方の真理の概念は、必ずしも、ひとの耳目をひくような異様な表現とともにのみ現れるわけではない。つぎのような例はどれも、ごく日常的なものだろう。

(1)　花子の言ったことは本当だ。雨が降っている。
(2)　さっきの報道は正しかった。羽田で飛行機が墜ちた。
(3)　ぼくの思った通りだ。きみはきのうあそこへ行ったんだ。

ここで、ひとつ実験をしてみよう。(1)の「本当だ」を、「真だ」に代えた、

(4)　花子の言ったことは真だ。雨が降っている。

は、実際に耳にすることはまずないと思われるが、紙のうえに書かれている限りは、まあ許せる範囲の文だろう。それに対して、

(5)　花子の言ったことは真理だ。雨が降っている。

はどうだろうか。これが異様だと思わないひとは、あまりいないのではないだろうか。(1)と(5)のあいだの、この落差はいったいどこから来るのだろうか。

ひとつの自然な答えは、たかが雨が降っているかどうかくらいのことで、「真理」という言葉を持ち

出すのはおおげさにすぎるからだというものだろう。つまり、何かが「真理」という名前で呼ばれるためには、それが本当のことであるだけではだめだということである。単に「本当のこと」でしかないものが「真理」となるためには、それは何らかのいみで「重要な」ものでなくてはならない。概して「真理」という言葉の出番は減っているとはいえ、普遍的に成り立つ事柄とか、多くの人々の生活に大きな影響を及ぼすような事柄とか、これまで知られていなかった意外な事実とかが問題となっているところでは、「真理」という言葉もそれほど場違いではない。(ただし、最後の場合は、「真理」という言葉よりも、「真実」という言葉の方が適切なことが多いだろう。「真理」、「真実」、「事実」といった一連の名詞の用法を探究することも、まったくの無駄ではない。)

哲学においてこそ、単なる「本当のこと」ではなく、「真理」に思いをはせるべきだという声は、現在でも実のところは決して弱まっていないのかもしれないが、哲学においてでさえ、とりあえずは、単なる「本当のこと」の方だけを相手にしようという考えの方に、私は賛成である。私が賛成するのは、少なくとも二つの理由からである。

第一に、「本当のこと」という概念とは区別される限りでの、真理という概念があると考えるひとは、往々にして、思い違いをしていることが多い。それは、この真理という概念さえ明確にできれば、こうした真理のすべて、つまり、真に大事な本当のことすべてを、手に入れうるか、さもなければ、少なくとも、そうした真理の基準を手に入れうると考えることである。これが思い違いであることは、哲学の歴史、もっと一般的に、学問の歴史が教えてくれることだと言ってよいと私は思う。

第二に、仮に百歩譲って、単なる「本当のこと」から区別される「真理」の概念があったとしても、その概念は、私たちがふだん用いている「本当」とか「正しい」とか「その通り」といった言葉によって表される概念、つまり、「本当のこと」という概念と無関係ではありえないはずである。人々が「真理」という称号を与えるものは、「本当のこと」のうちで、ある特定の性質をもっているものにすぎないと私は思う。したがって、どんな「真理」を問題にするのであっても、単なる「本当のこと」を完全に無視することはできないだろう。

論理学と「真である」こと

「真である」という言葉がそれほど違和感なしに用いられる場所は、論理学の場面ぐらいだろうと先に述べたが、このことをもう少し考えてみよう。論理というものは、つい、偏見をもたれがちである。論理的な事柄についてごく一般に流布しているイメージを信用すれば、人々がたがいに理解しあうことをさまたげている最大のものが論理だとさえ思えてくる。「理屈ではわからない」とか「頭でなく、こころだ」といった文句を何度もくりかえし聞かされることで、論理に対する偏見は、多くのひとのこころにぬきがたく植え付けられてしまっている。しかしながら、ひとは、論理が全面的に崩壊するような事態を想像しないからこそ、論理の悪口を言って平然としていられるのである。実際のところ、そうした事態を想像することは、きわめて困難である。論理というものがなくなれば、会話はいっさい成り立たなくなる。他人との会話が成り立たなくなるだけではなく、自身が何を考えているのかもわからなくなる。つまりは、考えたり、思ったり、望んだり、おそれたりといったことすべてが、ありえなくなってしまうのである。

「真である」という言葉は、結局のところ、論理学の用語とみなすのがいちばん適切なのかもしれないが、本来、その用法は、(1)～(3)における「本当だ」とか「正しい」とか「その通りだ」といった言葉の用法と、その中核的部分において一致することが意図されている。論理は、どのような主題に関してであろうが、普遍的に通用するものである。「本当だ」や「正しい」や「その通りだ」といったことは、ある特殊な主題に関する発言や考えについてだけ言われることではない。よって、論理の場面で真理を扱うことは、論理という特殊な領域があって、そこで「本当だ」といった言葉がどう使われるか——あるいは、使われるべきか——を問題にするということではない。その反対に、本当かどうか、正しいかどうか、その通りかどうかといったことに関して、論理の場面で確立できることは、何が話題となっているかとは無関係に一般的に成り立つと考えられる。ここで、論理学における ような「真である」を名詞化した表現として、「真理」という言葉をあらためて導入しよう。この意味での真理を問題にすることは、一般に「真理」と呼ばれているものすべてに共通する性質を問題にすることである。

ここからはじまるのが、現代的な真理論である。論理の場面で真理を問題にするということは、真理と同様に長い歴史をもつもうひとつの哲学的概念、すなわち、存在の概念への現代的アプローチとも軌を一にする。存在が言い立てられるさまざまな領域のどれかを選んで、そこに存在の中心的意味を読み取るという考え方もあるかもしれない。だが、存在という概念のもっとも基本的な性質はむしろ、具体的な主題とは中立的な場面、すなわち、論理の場面で明瞭になってくるのではないだろうか。

結局、私のこの文章は、うしろめたい思いぬきで「真理」という言葉を使えるようにするための、ひ

とつの提案である。何よりもまず、「真理」という言葉は、哲学にあらためて導入し直される必要がある。それは、

(a) 「本当だ」「正しい」「その通りだ」といった日常的な言い回し
(b) それらを代表する「真である」という述語
(c) それを名詞化した「真理」

という、三つの段階を経て導入される。忘れてならないのは、(a)から(c)への移行が論理的観点からなされるということである。真理概念は、論理を通じて、哲学に再導入されるべきだというのが、ここでの力点だったのだから。

12　論理学におけるモダリティ

1　はじめに

のっけからあまり気の進まないことではあるが、タイトルについて一言、弁解しておく必要がある。ただし、こうした弁解の必要性は、多くの弁解がそうであるような個人的な事情から来るものではなく、むしろ、異なる分野どうしが共通の主題を扱おうとするときに生じがちな困難や障碍から来るものであり、それゆえ、今後の議論のためにも有用なものであると信じる。

さて、もともと私がもらったタイトルは「様相論理学におけるモダリティ」というものであった。「モダリティ」が英語の“modality”の転記であるのならば、これは「様相論理学における様相」と同じことになる。なぜならば、様相論理学というコンテキストで「モダリティ」を考えるならば、それは

「様相論理学」という名称において「論理学」を限定している「様相」のことを意味するしかないからである。

しかしながら、私に提示されたタイトルにおいて、「モダリティ」という言葉は、様相論理学で扱われる様相のことを指すのではない、あるいは、それだけを指すのではないものとして用いられていると考えるべき理由がある。たとえば、「モダリティ」をそのタイトルの一部としてもつ二冊の本、益岡隆志『モダリティの文法』と仁田義雄『日本語のモダリティと人称』を取り上げよう。まず、前者において、「モダリティ」は次のように説明されている。

> 「モダリティ」という概念を規定するための基本となるのは、主観性の言語化されたものであるという見方である。言い換えれば、客観的に把握された事柄ではなく、そうした事柄を心に浮かべ、ことばに表す主体の側に関わる事項の言語化されたものである、という見方である。ここでは、このような見方に立ち、広義の「モダリティ」を、「判断し、表現する主体に直接関わる事柄を表す形式」と規定しておきたい(1)。

他方、後者では、「モダリティ」の「暫定的規定」として、次のようにある。

> 〈モダリティ〉とは、現実との関わりにおける、発話時の話し手の立場からした、言表事態に対する把握のし方、および、それらについての話し手の発話・伝達的態度のあり方の表し分けに関わる

文法的表現である。[2]

こうした特徴づけは、私のように「モダリティ」を、哲学や論理学における「様相」としてしか理解してこなかった者にとって、大きな違和感がある。私の理解では、様相とは必然性や可能性のことであり、様相論理学とは必然性と可能性にかかわる推論を扱う論理学のことである。たしかに、最近では、時間や義務や認識に関連する概念も、主に形式的な類推によって、広い意味での様相に含められるが、[3]このどちらの使い方でも、様相とは、「主観性」や「話し手の立場」といったものと直接関係するようなものではない。

だが、問題はこれだけではない。これらの著書において、実際にどのような現象が「モダリティ」の例として挙げられているかをみるとき、私の困惑はさらに深まる。頭のなかに入っている使い慣れた地図が通用しないので、自分がどこにいるのかわからず、したがって、どこにどう行けばよいのかもわからず、道を失ってさまよっている心持になる。

ここに挙げた著者におけるような「モダリティ」[4]の使い方と、哲学や論理学での「様相」の理解とのあいだのギャップについては、すでに土屋俊の論考がある。そこでの土屋の論点に私はおおむね賛成である。しかし、ここでは、それを繰り返す代わりに、こうした使い方をされている「モダリティ」のもとにくくられている現象が、私の使い慣れてきた地図では、どのような位置関係にあるかを述べることで、「モダリティ」と「様相」のあいだのギャップを理解する助けとしたい。そして、そのためには、「様相」に限定された様相論理学ではなく、もっと広く論理学的研究一般にまで視野を広げる必要がある。現在のタイトルになったゆえんである。

2　論理学の言語

論理学とは推論を研究する学問である。ただし、それは、ひとが実際にどんな推論をしているのかではなく、推論が正しいとか誤っているとはどういうことかを研究する。ひとがする推論のなかには、正しいものもあれば、誤っているものもある。たとえば、つぎの二つの推論のうち、最初のものは正しいが、二番目のものは推論として間違っている。

(A)　きみだっていつかは死ぬさ。きみも人間だし、人間はみないつかは死ぬのだから。

(B)　ぼくは決して死なないよ。人間はみないつかは死ぬけれども、ぼくは人間ではないから。

推論には、結論と前提とがある。ここに挙げた例では、結論が先にあり、その後に前提が来るが、論理学では、前提を先に書き、その後に結論を書くのが通常のやり方である。さらに、ひとつひとつの推論が正しかったり間違いだったりするのは、そこで何が話題になっているのかによるのではなく、正しい推論の形式もしくはパターンに従っているかによるから、そうしたパターンが見分けられるような表現法を工夫する必要がある。そうした表現法には二通りのものがある。ある決まった枠にはまるようにパラフレーズする（書き換える）方法と、論理学のために特別に考案された人工的言語にもとの表現を翻訳する方法とである。アリストテレス以来の伝統的論理学では第一の方法が取られ、フレーゲ以来の現代論理学では第二の方法が取られる。ただし、第二の方法を取るときでも、その際に、第一の方法にならって、そうした翻訳が容易にできるような書き換えを事前に行うことも多い。(A)と(B)に関して、そうした書き換えを行うならば、その結果は、おそらく次のようなものになる。

(A′) (1) きみは人間である。
(2) どんなものも、それが人間であるならば、それはいつか死ぬ。
よって、(3) きみはいつか死ぬ。

(B′) (1) どんなものも、それが人間であるならば、それはいつか死ぬ。
(2) ぼくは人間ではない。
よって、(3) ぼくは決して死なない。

もとの(A)(B)と、いろいろな点で違いがあることに気付かれるだろう。まず、もとでは「から」によって示されていた前提は、「よって」の前に現れることで示され、前提と結論の出現順序は逆になっている。(A)の第一文の「さ」および、(B)の第一文の「よ」は、いずれも省かれている。(A)の第一文の「だって」も同様に省かれている。また、(A)の第二文は「し」で接続される二つの節から成り、(B)の第二文は「けれども」で接続される二つの節から成るのに、書き換えでは、どちらも二つの前提に分解され、接続表現の違いは無視されている。さらに、「人間はみないつかは死ぬ」に対して、通常の日本語には出てこない奇妙な言い回しが用いられていることにも気付かれるだろう。

(A′)と(B′)の論理学の言語への翻訳は、「人間である」を「$N(x)$」という一項述語に、「死ぬ」を「$S(x,t)$」という二項述語（「xは時点tで死ぬ」という意味）に対応させ、「きみ」「ぼく」をそれぞれ名前「k」と「b」に対応させれば、次のようになる。

(A″)　(1)　$N(k)$

　　　(2)　$\forall x(N(x) \to \exists t S(x,t))$

　　　よって、(3)　$\exists t S(k,t)$

(B″)　(1)　$\forall x(N(x) \to \exists t S(x,t))$

　　　(2)　$\neg N(b)$

　　　よって、(3)　$\forall t \neg S(b,t)$

論理学の言語を知っているひとならば、この翻訳が、「いつかは死ぬ」を「死ぬ時点が存在する」に、「決して死なない」を「どんな時点でも死なない」に書き換えることに依存していることに気付くだろう。(A″)と(B″)は、「述語論理の言語」と呼ばれる言語に属する表現から成っている。この言語はもともと一九世紀後半に、数学の証明を分析するためにフレーゲが作った言語であり、数学での推論を表現するために最低限必要なものはすべて含んでいるが、それ以外のものは含まない。そこには、「k」や「b」のような名前、「$N(x)$」や「$S(x,y)$」のような述語、否定詞「$\neg$」や条件法「$\to$」のような文結合詞、全称「∀」および存在「∃」の量化詞が含まれる。このごく貧弱な語彙でも、日本語のような自然言語で表現された推論の分析に役立つことは、ここで挙げた例が示している。

しかし、述語論理の言語のような貧弱な言語でも表現できる語彙や語法だけが、われわれが行う推論にとって本質的なのだろうか。述語論理が、さまざまな推論のなかでも、その中核を占める部分を表現するという信念は、いまでも多くの哲学者と論理学者に共有されている。ただし、述語論理で扱える推論だけが推論の名に値するという考えは、もしそう信じられていた時代があったとしても過去のものであると言ってよい。

3 標準言語を越えて

述語論理という標準的論理の枠を越えて、より広範囲の推論を扱えるようにするべきだと考える理由として、少なくとも次の三つを挙げることができる[5]。

(i) 否定、条件法、全称と存在の量化のような述語論理で扱われる概念以外にも、論理的概念は存在する。たとえば、必然性と可能性の概念は、アリストテレス以来の伝統においては論理学の一部であった。また、ストア派の論理学においては、過去・現在・未来のような時制もまた、論理的概念として取り扱われていた。

(ii) 「……し、……」と「……けれども、……」は、述語論理ではまったく区別なしに連言として処理される。しかし、この二つの表現は、まったく推論に関係しないのだろうか。それを言えば、「よ」と「ね」といった終助詞のたぐいが本質的な役割を果たす推論というものだって、ないとは言い切れないのではないか。

(iii) 標準的論理で扱われる推論はすべて平叙文だけから成るが、命令文や疑問文が現れる推論だってある。たとえば、「全員に連絡せよ」という命令が出されており、花子がここでの「全員」のなかに含まれるのならば、この命令に従おうとするひとは、花子に連絡しようとするだろう。ここでは、命令文を前提に含む推論が行われているのではないか。

これら三通りの理由は、フレーゲが考えた、文のもつ三つの意味的側面に対応する。フレーゲは、推論を研究するという観点から、文の意味的性質を捉えようとした。その結果、かれは、文のもつ意味的側面として、意義、陰影、力の三つを区別した。文の意義とは、その文を真あるいは偽とするものであるのに対して、文の陰影は、その文の真偽には直接関係しない。たとえば、終助詞「よ」と「さ」は、それが現れる文の真偽に直接影響することはない。「太郎がころんだよ」と「太郎がころんださ」の違いは、陰影に関するものであって、意義は同じである。最後に、文の力とは、その文を用いて発話がなされるときに、どのような種類の言語的行為が結果するか、つまり、陳述なのか、疑問なのか、命令なのかといったことを決定する。(6)

(i)〜(iii)で挙げたような事柄が、フレーゲ以後の現代論理学で中心的に取り上げられてこなかったのがなぜかは、それがもともと数学における推論の研究に動機をもっていたことによって大部分説明できる。

まず、数学の命題は、それが真であれば、必然的に真であり、偽であれば同様に必然的に偽であるから、必然と可能といった様相——そう、しつこいかもしれないが、哲学および論理学における「様相」は本来、必然や可能ということを指す——をわざわざ問題にする必要はない。数学的命題が、過去・現在・未来のような時制と無縁であることも当然だろう。「陰影」について言えば、それで何を理解するかにもよるが、数学の証明においては、主張されている内容が真か偽かということが、もっとも大事であり、その証明がわかりやすいように表現されているかどうかは副次的なことであると考えれば、もっぱら表現法にかかわる意味的要素は、修辞学の対象となっても、論理学の対象とはならないという結論が出てこよう。最後に、命令文や疑問文は、数学の本にまったく現れないわけではないが、証明の提示ということだけを考えれば、平叙文以外の種類の文を考慮する必要はない。

論理学の範囲を拡張することは、まず、必然性と可能性を、否定や存在と同様の論理的概念として扱う試みとして始まった。こうして、必然性と可能性の論理としての様相論理が成立した。当初、この論理は、論理的にも哲学的にも疑わしい企てとみなされたが、一九五〇年代の後半に「可能世界意味論」と呼ばれる意味論を備えるようになって以後、論理学の標準的部分とみなされるようになった。可能世界意味論の出現以前から研究されていた、時制を論理的概念として扱う時制論理、「……であるべきである」や「……であってよい」といった概念を扱う義務論理もまた、同様の意味論を備えるようになり、広い意味での様相論理を構成するものとされた。(7)

ついで論理学的探究の対象となったのは、平叙文以外の文、とりわけ、命令文と疑問文が関係する推論である。こうして、「命令論理（imperative logic）」あるいは「疑問論理（erotetic logic）」（ギリシア語で疑問を意味する「erotesis」に由来する）と総称されるさまざまな論理体系が構成された。[8] ただし、この分野においては、様相論理における可能世界意味論のような、広く認められている共通の枠組みは未だ存在しないように見受けられる。

最後に、(ii)の項目に挙げたような意味の側面についての論理的研究は、そこに含まれる言語的現象が一見雑多なために、ずいぶん以前からなされていたにもかかわらず、標準的取り扱いが存在すると言うにはほど遠い状況にある。それでも、ここに含まれる現象のあるものは、「前提（presupposition）」あるいは「慣習的含み（conventional implicature）」という概念を用いることによって、体系的に研究することが可能であるようにみえる。

前提の概念はすでにフレーゲに見出すことができる。フレーゲが挙げている例は次のものである。[9]

(1) 惑星の楕円軌道の発見者は貧窮のうちに死んだ。

もしも惑星の楕円軌道を発見した者がひとりもいなかったならば、(1)は真でも偽でもないとフレーゲは言う。このとき、文

(2) 惑星の楕円軌道を発見した者がいる。

は、(1)の前提であると呼ばれる。(1)の発話の聞き手は、それを信じるならば、(2)もまた信じるということ

とになるだろう。つまり、前提がかかわる推論はたしかに存在する。
　他方、「慣習的含み」という用語は、会話の理論の建設者であるグライスに由来する。[10] ただし、この用語によってグライスが正確に言ってどのような言語的現象を指していたのかは明瞭ではない。慣習的含みについての最近の研究のひとつは、興味深いことに、日本語の敬語を慣習的含みの例としている。[11]
次の文を考えよう。

(3)　花子さんがいらっしゃいました。

(4)　花子が来た。

論理学での標準的な取り扱いでは、この文とのあいだに違いを認める必要はまったくない。つまり、フレーゲの言い方を用いれば、(3)と(4)の意義は（同じコンテキストで言われる限り）等しい。しかし、(3)が用いられるか、(4)が用いられるかによって、花子と話し手との関係について聞き手に伝わる情報は大きく違う。(3)の発話から聞き手は、

(5)　花子は、話し手にとって「目上」として扱うべき人物である。

といった情報を得るのに対して、⑷からは、むしろ、⑸の否定にあたる情報を得る。

さらに、こうした前提や慣習的含みを体系的に扱うため、論理学での通常の手続きのように、言語に属する各々の文に、その真偽に関与するフレーゲ的意義（しばしば「真理条件」とも呼ばれる）を指定するだけでなく、⑵のような前提や、⑸のような慣習的含みの表現をも併せて指定する「多次元の（multi-dimensional）」意味論を構成することが提唱されている。[12]

4　様相と文脈依存性

前節で述べたような論理学の標準言語の拡張のなかで、概念的にいちばんラディカルなのは、論理学の対象を疑問や命令にまで拡張するものである。推論の妥当性は一般に、その前提が真であるならば結論も必ず真であることとして特徴づけられる。しかし、疑問や命令について、真であるとか偽であるとか言うことができるだろうか。それが可能でないのであれば、推論について一般的に受け入れられている考え方は訂正されねばならないことになる。

その次にラディカルなのは、いわゆる前提や、フレーゲが「陰影」と呼び、グライスが「慣習的含み」と呼んだ意味的要素の体系的扱いをめざして、ひとつひとつの文に、その真理条件以外の条件をも指定する多次元の意味論を採用するものである。

そうすると、もっとも保守的なのは、様相論理に代表される種類の拡張であるということになる。言ってしまえば、これは単に語彙を増やすだけのことだからである。しかしながら、他の種類の拡張に比べれば保守的であるとしても、論理の拡張である以上、それは、新しい名前や形容句を追加するのとはわけが違う。新しく付け加えられる語彙は、論理的語彙として付け加えられるのであり、そのことによって、論理的に妥当な推論として認定される推論の範囲も広がる。だが、それ以上に重要なのは、この種類の拡張が、論理学の言語に根本的な変更をもたらすと考えるべき理由があることである。というのは、それによって、文の真偽のインデクスへの相対化という要素が、新たに言語に加わるからである。

複雑な文の真偽が、それを構成する文の真偽だけによって決まる種類の文の構成方法は、標準的論理に現れるもので尽くされている[13]から、新たに導入される文の論理的構成法では、それによって構成される文の真偽は、構成要素となっている文の真偽だけによっては決まらない。広い意味での様相的語法の意味論的特徴は、そうした語法によって作られた文の真偽が絶対的にではなく「インデクス」と呼ばれるある要素と相対的に決まり、しかも、複雑な文のあるインデクスにおける真偽は、それを構成する、より単純な文の真偽に依存するが、必ずしも、同一のインデクスにおける真偽に依存するのではないという点にある。

いま述べたことは、あまりにも抽象的なので、このままでは理解してもらえなさそうである。狭い意味での様相、つまり、「□」で表される必然性のオペレータと「◇」で表される可能性のオペレータを、新たな論理的語彙として付け加えた論理学の言語に対して、可能世界意味論を与える場合を例にとって、説明しよう。

この言語に属する文はすべて、何らかの可能世界と相対的に真であったり偽であったりするとみなされる。つまり、ここでは、可能世界が「インデクス」にあたる。可能世界のひとつが現実世界であると考えるから、文が端的に真であったり偽であったりするのは、それが現実世界において真であったり偽であったりすることである。さて、文のなかには、どのような可能世界でも真であったり、その逆に、どのような可能世界でも偽であるようなものもあるだろう。しかし、多くの文に関しては、それがそこで真であるような可能世界と、偽であるような可能世界との両方がある。

さらに、可能世界のあいだには、「到達可能性」という関係があるとする。この関係は、どのような種類の必然性・可能性を考えるかによって違ってくる。物理的必然性・可能性を例にとろう。何かが物理的に必然であると言われるのは、それが物理法則から帰結するときであり、物理的に可能であると言われるのは、それが物理法則と矛盾しないときである。このことを可能世界の言葉で言い直すことができる。すなわち、何かが物理的に必然であるというのは、現実の物理法則が成り立つ世界のすべてでそれが成り立つときであり、物理的に可能であるというのは、現実の物理法則が成り立つ世界のどれかでそれが成り立つときである。いま、現実の物理法則がすべて成り立つ別の可能世界wがあると仮定しよう。さらに、wでは、現実の物理法則に加えて、さらに別の物理法則も成り立つと仮定する。そうすると、wにおいて物理的に必然とか物理的に可能とされるものは、現実世界でそうされるものとは異なる。なぜならば、現実世界では物理的に可能とされたものが、現実世界では成り立たないがwで成り立つとされた物理法則に抵触するために、wの観点からは物理的に不可能とされることがありうるからである。つまり、物理的必然性・可能性の判断は、可能世界ごとに異なりうる。可能世界ごとに、その世界での物理法則を共有する可能世界の範囲が異なるからである。このように物理的必然性・可能性が問題となっている場面では、可能世界wと物理法則を共有する可能世界を「wから到達可能な可能世界」と呼ぶ。

先にも述べたように、どのような必然性・可能性を問題とするかによって、wから到達可能な可能世界の範囲は違う。

さて、文「$\Box A$」をとろう。これは「必然的にA」と読まれる。これが可能世界wで真となるのは、どのような場合だろうか。「$\Box$」がどのような種類の必然性を表すのかによって違ってくるが、それにふさわしい到達可能性関係を見出すことができれば、それは、どの場合でも、次のように述べられる。

wで「$\Box A$」が真である $\Leftrightarrow$ wから到達可能な任意の可能世界w'で「A」が真である。

他方、「可能的にA」と読まれる「$\Diamond A$」については、次のようになる。

wで「$\Diamond A$」が真である $\Leftrightarrow$ wから到達可能なある可能世界w'で「A」が真である。

これらを、Aの否定「$\neg A$」の場合と比較してみるとよい。「$\neg A$」の可能世界wにおける真偽は、この文の構成要素となっている文「A」が同じ可能世界wでもつ真偽だけで決まる。すなわち、「A」がwで真であれば、「$\neg A$」はwで偽であり、逆に、「A」がwで偽であれば、「$\neg A$」はwで真である。それに対して、「$\Box A$」にしても「$\Diamond A$」にしても、wでのその真偽は、「A」のwでの真偽だけでは決まらない。w以外の可能世界、すなわち、wから到達可能な可能世界での「A」の真偽を参照する必要がある。これが、先に述べたこと、つまり、複雑な文のあるインデクス——この場合は、ある可能世界——における真偽は、それを構成する、より単純な文の真偽に依存するが、必ずしも、同一のインデクスにおける真偽に依存するのではないということの実例である。

もうひとつの例は、過去・現在・未来といった時制を扱う時制論理である。この場合のインデクスは時点や期間となる。時点をインデクスに取るほうが簡単なので、それで考えよう。時制論理の言語に属する文の真偽は、時点によって変化しうる。それは、われわれの日常の言い方にも近い。「花子は小学生だ」は、花子がまだ幼稚園に行っていたときは偽で、次に真となり、最後に偽となる。「花子は小学生だった」や「花子は小学生になるだろう」についても同様のことが言える。「P」を現在時制の文に作用して過去時制の文を作るオペレータ、「F」を未来時制の文を作るオペレータとする。「P花子は小学生だ」が時点tで真であるのは、どのようなときだろうか。それは、明らかに「花子は小学生だ」がtよりも前の時点t'で真であるときである。一般に、

「PA」が時点tで真である ⇔ tより前の時点t'が存在して、「A」はt'で真である

となる。未来のオペレータ「F」についてどうなるかは容易にわかるだろう。つまり、こうしたオペレータによって作られた文に関しても、その時点tにおける真偽は、オペレータが作用する文のt以外の時点での真偽に依存するのである。

これらの例が示しているような、文の真偽のインデクスへの相対化、さらに複合的な文の真偽の、その構成要素の文の真偽への依存が、異なるインデクスを介してなされることは、広い意味での様相論理

に共通する特徴であり、可能世界意味論は、この手法を論理学に導入したという点で大きな意味をもっている。どういうことかと言えば、インデクスへの相対化は、自然言語の本質的特徴ともいえる文脈依存性を論理学の言語においても実現することを可能としたからである。フレーゲによって作られた論理学の標準言語が、数学の証明を表現するために作られたことを思い出そう。数学の証明の提示においては、時制や人称代名詞といった文脈依存的表現を完全に追放することが可能である。数式に時制はないし、証明そのもののなかに「私」や「きみ」が出てくることはない。数学的証明の表現のために作られた言語が文脈依存性を欠くのは当然である。

必然性や可能性を意味する様相表現を論理学の言語に導入したことは、先に述べたこととは違って、単に語彙を増やしただけのことではなかった。それは、文脈への依存という自然言語の本質的特徴を欠いた言語に、この特徴を備えさせることを可能としたのである。

5　様相論理と自然言語

しかし、可能性や必然性を扱う狭い意味の様相論理も、また、時制論理も、哲学的にはきわめて実り豊かであったが、当初期待されていたほどには、自然言語の研究に直接的な貢献をしたわけではない。その理由は、このどちらの論理も、実際の自然言語の分析に直接用いることのできるような道具ではない点にある。

時制論理がよい例である。この論理によって初めて、時制の意味論的分析を与えることが可能となったとは言うものの、自然言語における時間表現は、時制に尽きるものではなく、これと同じだけ、あるいは、それ以上の重要性をもつものとして、アスペクト（相）の表現や、時間に関する副詞などがあり、自然言語における時制のはたらきは、こうした種類の表現のそれから独立ではない以上、時制の意味論だけを単独で与えることは不可能である。[14]

時制論理の主要な貢献はむしろ、「時間とは何か」とか「時間は実在するか」といった昔ながらの哲学的問題への新しいアプローチの仕方を与えたことに求められる。同様に、狭い意味での様相論理の主な貢献も、必然性や可能性にかかわる自然言語の表現の分析に対してではなく、「必然」や「可能」といった言葉でくくられてきたものが、単一の概念ではなく、実にさまざまであることを明らかにした点にある。必然性と言っても、論理的必然性、数学的必然性、形而上学的必然性、物理的必然性、認識的必然性とさまざまなものがあるといったわけである。こうして様相論理は、必然性や可能性といった概念が、「悪しき形而上学の残滓」と過されることをやめ、哲学的分析の道具として復活を遂げることを可能としたのである。

他方、自然言語に目を向けるならば、そこでの様相表現は必ずしも様相論理で出会うようなものばかりとは限らないことがわかる。日本語を例にとろう。様相的表現であることがはっきりしているものとしては、「もっと早くからやっておけば、間に合ったのに」といった反事実的条件文や、「食べられる」といった可能の接辞を伴った動詞をまず挙げることができるだろう。[15] 他にも「でしかありえない」とか「でありうる」などは、それぞれ必然性と可能性の表現だとみなすことができるだろうし、「必ず」とか「たまたま」といった副詞も様相と関係するだろう。また、「に違いない」と「かもしれない」、「きっと」と「たぶん」のような表現も、様相にかかわる表現である。これらは、様相と言っても認識的様相に近いのではないかと推測できるが、実際これらの表現がどのような種類の必然性や可能性を表すのかは、個別的な例に即して検討されなければならない。

これらの表現の満足の行く意味論を与えることは、様相論理の意味論を与えることのように単純ではないに違いない。現在の論理学はそれなりの分析的道具を提供してくれる。しかし、それで十分であるという保証はない。それどころか、自然言語の表現の分析のためには、既存の道具では間に合わず、新しい道具を開発する必要が出てくることは、ほとんど自明でさえある。哲学者と論理学者の手元に現在ある論理的道具が、日本語の具体的表現の分析にどれだけ使えるのか、また、どのような論理的道具が新たに開発される必要があるのか、この二つを見極めることが、哲学・論理学・言語学という三つの分野に共通する当面の課題だろう。

註

（1） 益岡（1991：30）。なお、この引用の最後の文中の「判断し」という箇所には、これが「知覚」の意味も含めた広義のものであるという注記がある。
（2） 仁田（1991：18）。
（3） さらに付け加えれば、様相論理の応用分野はいまや、数学基礎論、コンピュータ科学、人工知能といった分野にまでおよんでいる。
（4） 土屋（1999）。

(5) ここでは論じないが、もうひとつ重要な理由は、推論は、たがいに独立な文の集まりに関してではなく、たがいに関連している一連の文――しばしば「談話（discourse）」とも呼ばれる――に関してなされるということである。たとえば、文の境界をまたいでなされる照応（anaphora）は、ひとつひとつ単独で取り上げても真偽の決まるような文の集まりを対象とする述語論理では扱えない。論理学の標準言語のこうした欠陥を是正しようとする試みは、Hans KampのＤＲＴ（Discourse Representation Theory）や、GroenendijkとStokhofのＤＰＬ（Dynamic Predicate Logic）をはじめとして、さまざまにある。

(6) フレーゲにおける意義・陰影・力の区別については、飯田（1987）を参照されたい。

(7) 様相論理の歴史については、飯田（1995）を参照されたい。

(8) 命令論理については、かなり古いがまだ読む価値のあるものとして、Rescher（1966）を挙げておく。疑問論理については、Harrah（2002）が最近のサーベイである。また、飯田（1990）も参照されたい。

(9) Frege（1892：40-41）.

(10) Grice（1989）.

(11) Potts（2005）Ch. 5.

(12) Potts（2005）およびDekker（2008）を参照されたい。

(13) このことは、真理関数のすべてが標準的論理で表現可能であるということによる。

(14) 時制論理が自然言語に直接適用できないことの具体的説明として、飯田（2002：326-333）を参照していただければ幸いである。

(15) 益岡・田窪（1992）。可能の接辞については、一〇六～一〇七頁。反事実的条件文については、一九三～一九四頁。また、形式意味論の枠組での可能の接辞の分析については、Iida（2010）を参照されたい。

文献案内

様相論理学の入門書としては、Hughes and Cresswell（1996）が標準的なものだろう。旧版の日本語訳がだいぶ前に出版されていた（ヒューズ&クレスウェル『様相論理入門』一九八一年、恒星社厚生閣）が、現在は絶版のようである。様相論理の歴史的背景および哲学への影響については、飯田（1995）を見られたい。Portner（2009）は、様相論理の概要とその言語学への応用から始まって、主に現在の形式意味論のなかでの様相の扱いについて、わかりやすく解説している。強く推薦したい。

参考文献

Dekker, Paul（2008）“A multi-dimensional treatment of quantification in extraordinary English” *Linguistics and Philosophy* 31, 101-127.

Frege, Gottlob（1892）“Über Sinn und Bedeutung” 邦訳：「意味と意義について」『フレーゲ著作集4　哲学論集』（一九九九年、勁草書房）所収。

Grice, H. P.（1989）*The Study of Way of Words*. Harvard University Press. 邦訳：グライス『論理と会話』清塚邦彦訳、一九九八年、勁草書房。

Harrah, David（2002）“The logic of quesions” in D. M. Gabbay（ed.）, *Handbook of Philosophical Logic* Volume 8, Kluwer Academic Publishers.

Hughes, G. E. and Cresswell, M. J.（1996）*A New Introduction to Modal Logic*. Routledge.

飯田隆（1987）『言語哲学大全Ⅰ——論理と言語』勁草書房。

飯田隆（1990）「問いと答えの論理」『創文』一・二月合併号、四二～四五頁。

飯田隆（1995）『言語哲学大全Ⅲ——意味と様相（下）』勁草書房。

飯田隆（2002）『言語哲学大全Ⅳ——真理と意味』勁草書房。

Iida, Takashi（2010）“Semantics of Possibility Suffix ‘(Rar)e’ ” in Kumiyo Nakakoji, Yohei Murakami and Eric McCready（eds.）, *New Frontiers in Artificial Intelligence. JSAI-isAI 2009 Workshops, LENLS, JURISIN, KCSD, LLLL. Tokyo, Japan, November 2009. Revised Selected Papers. Lecture Notes in Artificial Intelligence* 6284. pp. 217–234.

益岡隆志（1991）『モダリティの文法』くろしお出版。

益岡隆志・田窪行則（1992）『基礎日本語　改訂版』くろしお出版。
仁田義雄（1991）『日本語のモダリティと人称』ひつじ書房。
Portner, Paul（2009）*Modality*. Oxford University Press.
Potts, Christopher（2005）*The Logic of Conventional Implicatures*. Oxford University Press.
Rescher, Nicholas（1966）*The Logic of Commands*. Routledge and Kegan Paul.
土屋俊（1999）「モダリティの議論のために」『月刊言語』二八巻六〇号、八四〜九一頁。『土屋俊 言語・哲学コレクション第一巻　真の包括的な言語の科学』（二〇〇九年、くろしお出版）に再録。

13 本質と必然性――現在と過去との対話

1 様相概念の復活

1．存在や同一性が、形而上学的概念であると同時に論理的概念でもあるのと同様、必然性・可能性・偶然性といった様相的概念は、形而上学的な概念であるだけでなく、論理的概念でもある。

2．しかしながら、フレーゲやラッセルによって現代の論理学的枠組みが作られた際に、存在と同一性は、その不可欠の要素としての位置を与えられたのに対して、様相的概念は、論理学に属するものとはされなかった。（その理由についていろいろと推測することは、興味深いだけでなく、近代以降、様相概念が被った変遷という重要なテーマともかかわるが、ここでは立ち入らない。）

3. 様相について今世紀前半を支配した考え方は、ウィトゲンシュタインの『論理哲学論考』にその源を見出すことができる。「論理の外ではすべては偶然である」(六・三)。「論理的必然性以外の必然性はない」(六・三七)。(ウィトゲンシュタインの言う「論理」は、フレーゲやラッセルの意味での論理であり、それは、2節のような事情により、様相概念を含まないものであることに注意されたい。) こうした主張と、論理的に真である命題はトートロジーであるという『論考』のテーゼは、論理実証主義者によって解釈し直されることによって、「すべての必然性は分析性である、そして、分析的真理とは言葉の意味による真理である」という主張に変貌する。

4. 「必然性=分析性」という教義は、論理実証主義の主要な主張のなかで最後まで生き延びたもののひとつである。これは実に一九六〇年代まで、分析的伝統の哲学のなかで保持され続けた。(分析性の概念に強力に反対したクワインですら、様相にかかわる問題を扱うときには、この教義の枠内で考えている。) このことのひとつの帰結は、個体が、その名指され方にはよらず、それ自体として様相的性質をもつという、事象様相 (modality *de re*) の考え方が、意味をなさないものとして排斥されたことである。

5. こうした状況を変えたのは、様相論理と、一九六〇年前後に確立された、その意味論である。可能世界意味論と呼ばれる、様相論理の意味論の、様相概念の分析に対するもっとも大きな貢献は次の二つである。

(a)　可能世界という概念を基礎概念として、必然性や可能性を分析したことにより、必然性を分析性から切り離した。

(b)　互いに異なる種類の様相概念のあいだの関係を明らかにするとともに、また、異なる様相概念に応じて、どのような推論が妥当となるかを体系的に研究する手段を与えた。

6．必然性が分析性から切り離されることによって、事象様相の有意味性は広く認められるようになった。これに伴い、「本質」の概念が復活した。とくに個体について言えば、ϕが個体aの「本質的性質」であるということは、存在と必然性□を用いて次のように定義される。

$$\Box(a\text{が存在する} \rightarrow \phi a)$$

つまり、個体aが性質ϕをもつことは、aの存在にとって不可欠である、言い換えれば、aが性質ϕを失えば、aは存在しなくなるということである。個体のもつ本質的性質のなかで、さらに次の条件をも満足するϕは、個体aの個体的本質とされる。

$$\Box\forall x(\phi x \rightarrow x = a)$$

すなわち、性質ϕをもつものはa以外に存在しない、あるいは、ϕはaを他の個体から区別する性質である。

7．可能世界意味論による様相的語法の体系化のそれなりの成功は、それまで疑惑視されていた様相的語法に哲学上の市民権を与えるという効果をもった。だが、他方で、可能世界意味論の基礎概念である可能世界の概念に対しては、さまざまな疑義が提出されている。

8．したがって、現在痛切に必要とされているのは、様相の哲学である。様相の哲学の中心的問いは、次の二つである。

(a) 様相的語法を用いて表現される真理（様相的真理）は、何によって真であるのか。

(b) 様相的真理をわれわれはどのようにして知ることができるのか。

このいずれの問いに対しても、可能世界の概念は満足の行く答えを提供しないと思われる。

2　哲学の過去との対話に向けて

9．哲学において、過去との対話は常に双方向的に行われるべきであろう。過去の哲学が、現在の哲学の観点から見直されるという方向と、その逆に、現在の哲学的問題の解決のために過去の哲学を振り返るという方向の両方が必要であろう。可能世界の概念が哲学一般に浸透してきてすぐ行われたことは、だいたい前者に属する。様相の哲学の現状を見るとき、むしろ必要なのは後者である。

10. 今世紀の大部分を支配した「必然性＝分析性」の教義は、様相概念の中身をきわめて貧弱なものとした。様相的語法に哲学的市民権が与えられた現在においても、この弊害はいまだに強く残っている。過去の哲学において、様相にかかわる概念は、ずっと豊富な内容をもっていたようにみえる。（このことは、古代と中世について著しいが、近代の様相概念も決して無視してよいものではあるまい。）

11. ただし、様相に関する過去の哲学と、現在の諸理論を比較しようとするとき、ひとつの大きな障害があるように思われる。それは、様相的概念が論理的概念でもあるということ（1節）から来る。現代の様相論理は、いずれにせよ、フレーゲとラッセルによって作られた現代論理学の枠組みのなかで定式化されている。したがって、この枠組みとは異なる論理的枠組みのなかで定式化された様相概念との直接的比較はしばしば困難である。その実例として、次の二点を挙げよう。

(1) 現代の論理的枠組みでは、命題は基本的に時制を欠いている。必然性や可能性といった純粋な様相的概念を、時間と組み合わせて考察することは、現代的な枠組みのもとでは、きわめて複雑な企てとなる。

(2) 現代の論理的枠組みでは、基礎的命題は、個体を指す名前と述語からできていると考える。命題の分析に対するこの枠組みが共有されていないところでは、現代的な分析的道具をどう使用するかはきわめて微妙な問題となる。

12. 他方、様相的概念は、存在や同一性と比べられるならば、その形式性の度合いは低い。つまり、様相的概念にはさまざまな種類のものがあるという事実が示しているように、それは、純粋に論理的形式的であるというよりは、ある実質的な内容を伴っていると思われる。したがって、過去の哲学において様相概念が現れるとき、それがどのような種類の様相概念であるのかを十分に考慮する必要がある。具体的には、それが、どのような議論のコンテキスト、どのような哲学的企てのコンテキストにおいて働いている概念であるかを見極めることである。

13. 以上すべては、言うのはやさしいが行うのはむずかしいという類の事柄である。このことは、実際のシンポジウムの席上で十分に立証されることになろう。

追記　二〇一九年一二月

以上は、一九九六年秋に東京大学で開催された哲学会でのシンポジウムの提題資料として作成したものである。私以外の提題者は、千葉恵氏と山内志朗氏、司会者は今井知正氏であった。千葉氏の提題はアリストテレスに関するもの、山内氏のはドゥンス・スコトゥスに関するもので、いずれもたいへん興味深いものであった。これを本書に収めるには、いくらか専門的にすぎるとも思ったが、様相概念をめぐる一九六〇年代以降の議論が、過去の哲学を考える際にどのように役立ちうるかについて述べたものとして、その同じ議論を主に言語学者相手に解説した前章とあわせて読んでいただければ幸いである。

14 三段論法と死

論理学は推論を研究する学問であるということを学生に説明するとき、私はいつも、次のような三段論法を例にあげることにしている。

人間はみな、いつか死ぬ。
私は人間だ。
よって、私は、いつか死ぬ。

それに対して、西洋の哲学の歴史を通じてもっとも有名な三段論法はこれである。

人間はみな、死すべきものである。
ソクラテスは人間だ。
よって、ソクラテスは、死すべきものである。

私の例は、これと二つの点で異なっている。ひとつは、「死すべきものである」をもっと平板に「いつか死ぬ」に言い換えている点であり、もうひとつは「ソクラテス」が「私」になっている点である。で「ソクラテス」と「私」のどちらをとろうが、こうした推論は、アリストテレスが『分析論前書』体系化したような三段論法の例ではないと、しばしば言われてきた。その理由は、三段論法を構成する命題には一般名辞だけが現れ、「ソクラテス」や「私」のように個体を指示する単称名辞は現れないということである。しかし、アリストテレスが『分析論前書』以外の場所で「ソクラテスは死すべきものである」のような命題が現れる推論も三段論法のなかに含めている事実もあるので、ここでとりあげる推論を「三段論法」と呼んでもよいだろう。

「ソクラテス」も「私」も、一般名辞ではなく、それが使われるときには特定の個人を指すという意味で単称名辞である。しかしながら、「私」は、誰によって言われるかによって異なる人を指すという点で、「ソクラテス」のような固有名とは大きく違うとされることが多い。少し考えてみればわかるが、これは必ずしも正しくない。自分の猫を「ソクラテス」と名付けている人のことを想像してみればよい。正しい推論となるためには、最初の三段論法の前提の「私」と結論の「私」が同一人物を指す必要があるように、二番目の三段論法についても、前提の「ソクラテス」と結論の「ソクラテス」とが同一の個体を指す必要がある。

「ソクラテス」ではなく「私」が現れる三段論法を例に挙げるのは、こちらの方が、より身近に感じられるのではないかと思うからだが、自分の死からまだ遠い場所にいる若い学生さんたちには必ずしもそうではないようである。でも、だからと言って「ソクラテス」の例を挙げるには、ためらう理由がある。それが、二つの三段論法のあいだのもうひとつの違いに関係する。

きちんと調べていないので、これは推測にすぎないのだが、「死すべき」という表現は、英語の「mortal」やドイツ語の「sterblich」の訳として日本語に入ってきたのではないだろうか。少なくともこの表現だけをみているかぎりは、「死す - べき」という語構成は、「mortal」や「sterblich」と共通している。しかしながら、「死すべき」と対立する表現とは何だろうかと考えると、英語やドイツ語との違いははっきりする。「mortal」に対して「immortal」、「sterblich」に対して「unsterblich」があるのとは違い、「死すべき」に対立する表現としては、「不死の」のように様相が表面に出てこないものしか見当たらない。様相を明示しようと思えば、「死すべき」の代わりに「可死的」、その対立語として「不可死的」を使うというやり方がないわけではないが、まともな言語感覚からは許されないだろう。

そこで、時間の表現で様相の表現に代えようという考えが出て来る（この考えが一般に正しいかどうかは、「充実性の原理（the principle of plenitude）」が正しいかどうかという問題と密接にかかわるが、ここでは、そこまで踏み込むことはできない）。大前提の「人間はみな、死すべきものである」を「人間はみな、いつか死ぬ」に置き換え、結論の「ソクラテスは、死すべきものである」も同様に「ソクラテスは、いつか死ぬ」に置き換えようというのである。だが、この最後の文は奇妙に響く。この「ソクラテス」が、私の友人が飼っている猫ではなく、大昔に死んだことをわれわれが知っている古代ギリシアの哲学者を指すのであれば、この文はまるで、すでに死んでいるソクラテスがまた死ぬと言っているかのように聞こえる。

これはたしかにそうなのだが、三段論法というのは本来、主語が指す対象に対して何らかの性質を帰属させる命題から構成されているので、「人間はみな、いつか死ぬ」は「人間はみな、いつか死ぬという性質をもっている」と解釈されるべきであり、ここに現れる「いつか死ぬという性質」は、「未来のいつかの時点で死ぬという性質」ではなく、「過去、現在、未来のいつかの時点で死ぬという性質」と解釈されなければならない。つまり、それが言うことは、「人間はみな、すでに死んだか、いま死んだか、それとも、これから死ぬかである」ということである。よって、この前提と小前提「ソクラテスは人間である」から得られる結論「ソクラテスは、いつか死ぬ」が言うことも、「ソクラテスは、すでに死んだか、いま死んだか、それとも、これから死ぬかである」ということである。この結論の正しさには誰も文句をつけないだろう。

結論を「私は、いつか死ぬ」に替えれば、この文自体は奇妙に響かないので、こうした厄介な説明は省くことができる。しかし、この場合でも、この結論によって意図されている命題は「私は、すでに死んだか、いま死んだか、それとも、これから死ぬかである」ということであり、まずたいていの場合は、「私は、これから死ぬであろう」と同値になるが、厳密なことを言えば、それを三段論法の結論だとしてはならない。なぜならば、そう結論するためには、もうひとつの推論、つまり、「私はすでに死んでもいなければ、いま死んだのでもない。よって、私は、これから死ぬだろう」という推論が必要だからである（しかも、この推論は三段論法ではない）。

ところで、「ソクラテス」の三段論法は、ジョン・スチュアート・ミルが、三段論法一般の有用性について議論する際にまず取り上げる例でもある（『論理学体系』第二巻第三章第二節）。「人間はみな、死すべきものである」ということが確信できるためには、どの人間についても、その人間が死すべきものであることを確信できているのでなくてはならない、したがって、ソクラテスが死すべきものであることを確信できているのでなくてはならない。だがそうすると、「人間はみな、死すべきものである」という前提から「ソクラテスは、死すべきものである」という結論に進む三段論法に何の価値があるのだろうか。つまり、三段論法はどれも、論点先取という誤りを犯していることになる。

ミルに従えば、この議論は、論理学者――もちろん、当時の、つまり、一九世紀中葉の論理学者――のあいだで広く認められているものであるという。ミル自身は、この議論が論駁不可能と認めざるをえないとしたうえで、三段論法の有益さをどこに求めるべきかを論じている。そこでミルが述べていることのなかには興味深い点もいろいろとあるのだが、三段論法に訴えることが論点先取になるという主張は明らかに誤りであると私は思う。おおざっぱに言って、Aを結論にもつ論証が論点先取になっているとは、Aが、その論証の前提のひとつであるか、あるいは、前提を立証するために必要な別の論証の前提となっている場合である。ミルが「論駁不可能」とした議論が成り立つためには、「人間はみな、死すべきものである」は、「ソクラテスは、死すべきものである」を前提のひとつとする論証によってしか立証できないと言えるのでなくてはならない。しかし、これは間違いである。

ミルは、「Fはみな、Gである」のような全称命題を立証する唯一の方法は、Fの個別例がどれもGであることを示すことであると考えているようにみえる。しかしながら、「人間はみな、死すべきものである」あるいは「人間はみな、いつか死ぬ」の正しさをわれわれが受け入れるのは、一言で言えば、それが生物学的必然だと考えるからである。これが生物学的必然であることは、生物学的探究を構成するさまざまな理論と、それらを支持するきわめて多様な証拠によって裏付けられている。

実際のところ、「私は、いつか死ぬ」を結論にもつ三段論法が説得力をもつのは、単にこの論証が妥当である、つまり、前提が正しいならば必ず結論も正しいということだけによるのではない。それに加えて、二つの前提がどちらも「必然」であることが大きな役割をはたしている。「私は人間である」という小前提は、もしも私が人間でなくなれば、私はもはや私ではなくなるという意味で、私の本質にかかわる必然的真理である。他方、大前提「人間はみな、いつか死ぬ」は、生物学的法則から導かれるという意味で、生物学的に必然に成り立つ真理である。

論理的必然性とは、生物学的必然性のような実質的なものではない。それはむしろ、実質をもたない形式的必然性である。つまり、論証が正しい限り、前提を認めるのならば、その結論も認めなければならないということにすぎず、前提そのものの正しさ、従って、それから出て来る結論の正しさを認めさせるような力はもっていないのである。さらに言えば、人間がみないつか死ぬことを知っているつもりであっても、自分がいつか死ぬとは思っていない人間は、決していないわけではない。三段論法の正しさを指摘することは、こうした人間に自分の誤りを気付かせることになるかもしれない。しかし、必ずそうなるという保証はない。ひとは平気で矛盾を犯すだけでなく、矛盾に気付いたとしても、それをとくに改めようとしないこともしょっちゅうだからである。論理学が「論理的」でない人間を「論理的」にするような力をもたないことは当然である。

15 三段論法と死（二）

その名前を一躍有名にした『ロリータ』の後に、ナボコフが発表した小説『青白い炎』は、シェイドという詩人の書いた九百九十九行から成る詩を、キンボートなる人物が、「前書き」、「註釈」ならびに「索引」を付して出版した本という体裁を取る。このシェイドによって書かれたとされる詩のなかに、次のような行が現れる（ナボコフ、富士川義之訳『青白い炎』二〇一四年、岩波文庫、六八および六九頁）。

三段論法。他人は死ぬ。しかしぼくは
他人ではない。ゆえにぼくは死なない。
（A syllogism: *other men die; but I*
Am not another; therefore I'll not die.）

うるさいことを言えば、ここでの大前提にあたる「他人は死ぬ other men die」が、「死ぬのはすべて他人だ」もしくは「他人だけが死ぬ」という具合に理解されなければ、この三段論法は妥当な形にはならない。したがって、そのようにしたうえで、この三段論法を教科書風の形に書き直してみよう。

死ぬのはすべて他人だ。
ぼくは他人ではない。
よって、ぼくは死なない。

一般に推論に関して問題になるのは、その前提が正しいかどうかと、それが妥当な推論であるか、つまり、前提がすべて正しければ結論も正しいという形の推論であるかどうかの二点である。よって、まずは、この三段論法の二つの前提が正しいかどうかをみることから始めよう。

「私は一人の他者である Je est un autre」というランボーの言葉（「見者の手紙」）はあるにせよ、「ぼくは他人ではない」という小前提は、「他人」と「ぼく」とが同時に使われているとき、「他人」は、「ぼく」によって指される人物以外の人物を指すということが正しい限り、正しい主張だと認めるべきだろう。

「死ぬのはすべて他人だ」という大前提は、大森荘蔵が引いている「死とは他人にのみおこる事件である」という、これもまたフランスの詩人であるシャルル・ペギーの警句（大森荘蔵『物と心』一九七六年、東京大学出版会、二一〇頁）と同じ思想を表現している。

この前提が正しいとすれば、それはどんな理由によってだろうか。経験からの帰納だろうか。つまり、これまで観察された死はすべて他人の死であったから、死はすべて他人のものだというのだろうか。だが、こうした一般化が正しいと考える理由はまったくなさそうである。これまで死んだのがみな他人だったからといって、次に死ぬのが私ではないという保証はまったくない。

「死ぬのは他人だ」という主張にある説得性をもたせているのは、何か別のものである。だが、それが何であるかを突き止めようとすると、いま考えている三段論法がいかに狭い円環のなかでしか動いていないかに気付く。というのは、この三段論法の結論から出発して、逆にその大前提を論証することもできるからである。それは次のようにすればよい。

(1) ぼくは死なない。

と前提する。この対偶をとれば、

(2) 死ぬのはぼくではない。

となる。次に、もとの三段論法の小前提の逆（の対偶）

(3)　ぼくでない者は他人だ。

もまた正しいだろうから、これをもうひとつの前提として採用しよう。そうすると、これにより、(2)から、もとの大前提

(4)　死ぬのはすべて他人だ。

が得られる。要するにいま示したことは、

(5)　ぼくは他人でなく、逆に、他人はぼくではない。

が正しい限り、もとの三段論法の大前提「死ぬのはすべて他人だ」と、その結論「ぼくは死なない」は論理的に同値だということである。(5)は、「他人」と「ぼく」という言葉の意味によって正しい分析的真理であるから、この二つ、つまり、(4)と(1)は端的に、論理的に同値であると言ってよい。

つまり、三段論法の大前提であった(4)が何によって正しいとされるかという問いは結局、その結論であった(1)が何によって正しいとされるかという問いにひとしい。三段論法はわれわれを一歩も前進させてくれなかったわけである。

実際のところ、(4)に何らかの説得力があるとすれば、それはむしろ、(4)と同値である(1)から来るもの

である。(1)が偽であると仮定しよう。そうすると、その否定

(6) ぼくは死ぬ。

が正しいはずである。(6)が正しいならば、いまよりも未来のあるときに

(7) ぼくは死んでいる。

が正しくなる。もしも死ぬことが、存在しなくなることを結果するとすれば、

(8) ぼくは存在しない。

が、未来に真となる。しかし、(8)は、論理的真理

(9) ぼくは存在する。

の否定であるから、論理的に偽である。(1)が偽だという仮定から、論理的に偽である(8)が導かれたのであるから、背理法によって、(1)は真であると結論される。

もちろん、これで「証明終わり」としてすました顔をしているわけにはいかないだろう。何よりもまず、(9)が論理的真理だというのはどういうことかと聞かれるに違いない。

それは、「ぼく」のような語の論理的振る舞いを説明するための標準的理論として、現在受け入れられている「直示詞の論理 Logic of Demonstratives（LD）」と呼ばれる、カプランによって作られた体系（David Kaplan, "Demonstratives: An Essay on the Semantics, Logic, Metaphysics, and Epistemology of Demonstratives and Other Indexicals" in J. Almog, J. Perry and H. Wettstein (eds.), *Themes from Kaplan*, 1989, Oxford University Press. pp. 481-563）において、(9)が論理的真理だからである。だが、この答えで満足してくれるひとはたぶんいないだろう。ある文（に対応する形式的体系の式）を「論理的真理」とラベル付けする論理体系が存在することは、その文が実際に論理的真理であることを少しも保証しない。そのためには、その体系が、われわれの「直観」を忠実に反映していると同時に、その直観を説得的な仕方で体系化していることが必要である。

さて、カプランのLDは、こうした要件を満たしているだろうか。即答することはむずかしい。言えることは、現在のところ、カプランの体系ほど、その細部が考え抜かれ、広い範囲の直示的および指標的表現を体系的に扱えるものは他にないということである。この理論が多くの理論家によって受け入れられていることも先に述べた通りである。要するに、カプランの体系において(9)が論理的真理とされていることは無視してよいことではない。

では、うえの論証は正しくて、

(1) ぼくは死なない。

は、直示詞の論理を受け入れるならば、真であるとして証明されたということになるのだろうか。だが、そう考えるのは、神の存在が論理的に証明されるという「神の存在論的論証」が妥当だと考えるのと同じくらい、われわれの直観に反する。少なくとも私はそう思う。よって、うえの論証のどこに誤りがあるのかを突き止める必要がある。

どこを攻めれば、この論証を拒否できるだろうか。攻められそうな場所は二つある。ひとつは、(7)から(8)に移るのに使われている前提

(D) 死ぬことは存在しないことを結果する

を拒否することである。つまり、死ぬことは存在しなくなることではないと考えるのである。これは多くの宗教に共通した考えであるから、本当の意味で理解できるかどうかは別として、馴染みある考えだろう。しかも、これは、カプランの枠組みのなかでも可能である。LDでは、一人称代名詞「I」は、ある空間的場所および時間的場所を占めている必要があるとされているが、これを要求しないようにLDを変更する——「肉体をもたない精神disembodied mind」の存在を認める——可能性をカプラン自身が認めている (*Ibid.*, p. 553)。

しかし、(1)、つまり、自分の不死性が証明されるのを避けるために、(D)を否定して、死んでも、ひと

は何らかの形で存在すると主張するのは、あまり整合的な立場ではない。

では、別の場所を考えてみよう。それは、いま問題にしたステップのひとつ前のステップ、つまり、(6)から(7)へ移るステップを拒否することである。これは、「ぼくは死ぬ」が現在真であるならば、未来のあるとき「ぼくは死んだ」が真であるのでなければならないというものであった。ここで使われているのは、時制論理で、未来のオペレータFをもつ式$F\phi$の真理条件を、それをもたないϕの真理条件を通じて与える図式

(F)　時点tにおいて「$F\phi$」が真である ⇕ tより後で、そのときに「ϕ」が真であるような時点t'が存在する

である。(6)から(7)へのステップを拒否することとは、この図式が、「ぼく」のような一人称代名詞を含む文のあるものに関しては成り立たないとすることである。

こうすれば、たしかに(6)から(7)に移ることができなくなるから、うえの論証は成り立たなくなるとみえる。しかし、そうは行かないことは、ちょっと考えればわかる。

(6)　ぼくは死ぬ。

について(F)は成り立たないとすることは、ある時点tで(6)が真でありながら、

(7)　ぼくは死んでいる。

が真となるような、tより先の時点t'は存在しないと主張することである。だが、後者の主張は、tより先のどんな時点t'に関しても、(7)の否定

(10)　ぼくは死んでいない。

が真であるということ、つまり、この先ずっと「ぼく」は死なないことになってしまう。これでは何の役にも立たない。

それでは、ナボコフ（によるシェイドによる）三段論法は妥当であって、人は自身の不死性を論理的に証明できるのだろうか。もちろん、そんなうまい話があるわけはない。ここに示したような「ぼくは死なない」の証明に論理的欠陥があることは明白である。それは、ここで取り上げた二つの箇所以外のところに隠れている。それを見つけることは、神の存在論的論証の欠陥を見つけるよりも格段に簡単である。それはまた、「ぼく」や「私」といった指標詞の論理を理解するための格好の練習問題だろう。

16 意味と意図——関口浩喜氏の批評に答えて

1 はじめに

『西日本哲学会年報』第二十五号（二〇一七）に掲載された拙著『規則と意味のパラドックス』（二〇一六年、ちくま学芸文庫）の書評に関して、まずは、書評の労を取って頂いた関口浩喜氏に深く感謝する。そこには、拙著についての適切な紹介とともに、率直な疑問ならびに批判が提示されていて、著者としてもいろいろと考え直すきっかけとなった。

実際のところ、今回の本は、二〇〇四年にNHK出版から「シリーズ・哲学のエッセンス」の一冊として出版された『クリプキ』の内容をそのまま収録し、それに新しく二つの章を書き加えて成ったものである。旧著は、クリプキの『ウィトゲンシュタインのパラドックス』で提示されたパラドックスが、そもそもパラドックスであるのはなぜかを、できるだけ丁寧に解説することを主眼としており、何がその解決となるかについては、自身の用いる言葉の意味を疑うことは、ひとは自身が何を意図しているのか知らないという結論につながることがヒントとなると言うにとどまっている（拙著、一〇八〜一一二頁）。他方、新しく書き加えた部分では、その解決が具体的にどのようなものとなろうとも、自身の意図についての知識ということに訴える解決法には一般的な困難があるという議論に対して、どのように答えられるかを探った。

このように十年以上の間隔を置いて書かれた二つの部分からできているために、本書から完全に抜け落ちてしまったことがある。それは、話し手の自身の意図の知識に訴えるパラドックスの解決法が、具体的にはどのようなものになるのかについての考察である。とりわけ、二つの点が、問題になる。第一に、言葉の意味の知識と自身の意図の知識とは、正確に言って、どのような関係に立つのだろうか。第二に、ひとは自身の意図を、自身の行動の観察や「内観」といった証拠によらない仕方で知っていると言う（拙著、一五三〜一五四頁）が、そのような仕方での「一人称特権」を認めることと、言語が人から人へと受け継がれて社会のなかで通用する公共的なものであることとは、どう両立するのだろうか。

関口氏の疑問と批判も、主にこの二点をめぐっている。したがって、以下では、そのそれぞれについて、私が現在どう考えるかを述べることにしたい。

2　意味することと意図すること

意味と意図との関係ということでまず思い出されるのは、「意味」（一九五七）に始まるグライスの一連の論考だろう。グライスは意味を大きく自然的意味と非自然的意味とに分類し、言語の使用において問題になる意味は後者に属すると論じたうえで、さらにそのなかに、話者意味（speaker meaning）と文意味（sentence meaning）とを区別する。話者意味は「話者SがAと発話することでpということを意味する」といった言い方に現れる「意味」であり、グライスは、こうした言い方における「意味」を、話者SがAと発話することに関連してもつ意図によって定義することを試みた。この試みが成功しているかどうかはともかく、クリプキの『ウィトゲンシュタインのパラドックス』で問題となっている意味の概念は、話者意味ではなく文意味の方である。

話者意味で問題となっているのは、ある特定の機会にひとSがある言葉Aを発することで何かを意味するという、個別の事例である。こうした事例において、Sが「意味する」ことは、Aという言葉のもつ「言語的意味」と一致する必要はない。皮肉がいい例である。知り合いが描いた絵を見せられた後、別の知り合いに会ってSが「さっき誰それの絵を見せてもらったけれども素晴らしい出来だった」と言ったとしよう。しかし、Sの口調や表情から、Sが皮肉を言っていると容易に推測される場合、「素晴らしい」は、それがもつ「言語的意味」とは正反対の意味で使われている。グライスの言う文意味は、この言語的意味に対応する。文よりも小さな単位も言語的意味をもつので、「文意味」という名称は適切ではない。そのせいか、グライスは、一方で、言葉の話者意味が、その言葉が使われる特定の機会に相対化されるものとして「機会意味（occasional meaning）」と言い換え、他方、言葉の言語的意味を、「無時間的意味（timeless meaning）」とも言い換える。かれは、文意味もしくは無時間的意味を、話者意味あるいは機会意味から構成しようというプログラムをもっていたが、そうした構成は不可能であると考える言語哲学者は多い。いずれにせよ、この点は、ここで論じる必要はない。

「素晴らしい」の特定の発話に、その正反対の意味をもたせるのが、その発話者であることはわかりやすいが、「素晴らしい」という言葉が、素晴らしいという意味をもつことも、言葉が自動的にすることではなく、発話者に依存しているということは案外見過ごされやすい。話者意味（機会意味）であれ、文意味（無時間的意味）であれ、言葉が意味をもつのは、その言葉の使い手がすることに依存している。

次のような例を考えよう。

(i) あるひとS_1は、自分のキーボードが壊れていて「＋」のキーが反応しないので、そのとき書いている原稿に限って、「＋」の代わりに「＊」で足し算を意味することにした。このとき、S_1がもつ意図は、(a)キーボードが壊れているという非常事態のもとでの現在の行為へのものであり、(b)「＊」という記号タイプに関するものではなく、この事態のもとで使われる「＊」のトークンについてのものである。

(ii) 別のひとS_2は、あるとき、「＋」という記号にまつわる個人的連想のために、今後この記号をいっさい使わず、足し算を表すには「＊」を使おうと決めた。このときS_2がもつ意図は、(a)今後、さまざまな状況で、不定回繰り返されうる行為へのものであり、(b)「＊」の特定のトークンについてのものであるよりは、タイプとしての「＊」についてのものである。

(i)は、話者意味もしくは機会意味の事例であり、(ii)は、文意味もしくは無時間的意味の事例である。どちらにも話者の意図の存在は不可欠である。(i)では、「＊」のこのトークンで足し算を表そうという、たぶんその時限りのS_1の意図があることによって、「＊」のそのトークンは足し算を意味する。他方、(ii)では、タイプ「＊」で足し算を表すという一般的な意図をS_2がもつことによって、「＊」のさまざまなトークンは足し算を意味することになる。

(ii)の場合は、ある記号について、それに何を意味させるかという意図が、ある時に明示的に形成されたという点で、特殊な場合である。むしろ一般的なのは、次のような場合である。

(iii) S_3は、足し算を表すのに「＋」を使ってきたし、そうとはっきり心のなかで思ったりしたことはないが、これからも使うつもりである。タイプ「＋」で足し算を表すという一般的な意図をS_3がもっていることを疑う理由はない。

この場合、S_3は、

(1)「＋」が足し算を意味するように「＋」を使う

という意図をもっている。この意図は、タイプ「＋」についてのものであり、一時的なものではなく、この先の期間にもわたるものである。よって、ここでの「意味する」は、グライスの言い方では、話者意味（機会意味）ではなく、文意味（無時間的意味）の方である。文意味が真理条件によって与えられると考えるならば、文よりも小さな単位の無時間的意味は、それが現れる文の真理条件への寄与と考えられ、述語ならばその充足条件、名前であるならばその指示が成功するための条件と考えることができよう。[1] こうした条件——真理条件、充足条件、指示の成功のための条件——をひっくるめて、「正しい適用のための条件」という意味で「適用条件」と呼ぼう。そうすると、(1)は、

(2) 任意の数x、yについて、Aがxを指示し、Bがyを指示するならば、「A＋B」は$x+y$を指示するということが、その適用条件となるように、「＋」を使う

と書き換えられる。

「＋」を使うひとの誰もが、こうした意図を、このような仕方で明示的に表現できる必要はない。実際のところ、まずほとんどのひとにとって、こうした表現は不可能だろう。しかし、(1)のように自身の意図を表現することは、多くのひとにとって可能だろう。そして、(2)は、「指示」という概念と量化の装置の使用によって、(1)の言うことに、意味論という理論のなかでの表現を与えただけのことである。

そうすると、関口氏が「よくわからない」と言われた、拙著中の表現「この記号で足し算を私が意味すると意図している」（関口氏書評一五〇頁、拙著一五四頁）は、

(3) 任意のx、yについて、Aがxを指示し、Bがyを指示するならば、「A＋B」は$x+y$を指

示するということが、記号「＋」の適用条件となるように、「＋」を使うことを、私は意図している

ということだと説明できる。

何かを言うために言葉を使うとき、こうした意図は必ず発動されている。言葉は、それを使うひとと独立に意味をもつわけではない。あることを言うひとは、そのときに使われた言葉の各々に関して、それがある意味をもつ、つまり、ある適用条件をもつことを意図している。

この意図は、タイプとしての言葉を対象とする一般的なものである。(3)におけるような意図は、「＋」のある特定のトークンに対するものではなく、タイプとしての「＋」に対するものである。したがって、ある具体的な状況で、「＋」を使うとき、話者は自分のもっている一般的意図を個別の場合に適用しなければならない。規則適用のパラドックスが出て来るのは、ここである。話者がもつ自身の意図についての知識は、意味の懐疑論を斥けるだけの力をもつが、こちらのパラドックスに対しては無力のようにみえる。これにどう対処するかを論じたのが、拙著の一五八頁から始まる部分である。

3　個人の意味理解と言語の社会性

拙著に対する関口氏の批評のもうひとつの論点は、そこで私が採用している、意味についての話者の意図に訴えて意味の懐疑論を斥けるという路線は、言語の社会性を認めることによって、意味の懐疑論

を復活させることになるのではないかという点である。もしも関口氏の疑念が正しいようなことがあれば、著者としては、これ以上にゆゆしいことはないので、ここは防戦に努めさせてもらう。

こうした疑念が出てきたのが、「意味する」と「意図する」との関係が明瞭でなかったためであることははっきりしている。関口氏は、次のように書いておられる（一五一頁）。

〔「意味（する）」と「意図（する）」とのあいだの〕相違とは、〈自分が何を意図しているかについては自分が「権威」である〉のに対し、〈自分が何を意味しているかについては自分が「権威」であるわけではない〉という、意図と意味とのあいだの非対称性である。実際、氏が「自身の意図について本人がもつ特権性」（一五七頁）という表現を用いるとき、氏はこのような非対称性を示唆しているように思える。

前節のような仕方で、意味についての意図を考えるならば、ここで問題となる「意味」は、話者意味ではなく、文意味あるいは無時間的意味であるから、そこで「意味する」の主語になるのは、言語表現である。したがって、ここの「自分が何を意味しているか」は、おそろしくまわりくどい言い方になるが、「表現Eが何を意味するようにEを使おうと自分が意図しているか」と言い直されるべきである。つまり、この種類の意味は意図の一部だということになり、それゆえ、ここには関口氏が思われたような非対称性はない。(2) ここでの氏の言い方を借りれば、自分が何を意図しているかについては自分が「権威」であるから、自分が何を意味しているかについても自分が「権威」なのである。

ここで言われているような「権威」の内実は、ひとが自身の意図を表明するとき、他のひとは、特別の理由がない限り、それを真として受け入れるべきだということである。言語表現の意味についての意図も、それは、その表現をどのように使おうとするかという意図であるから、本人によるその表明もまた、特別の理由がない限り、真として受け入れられるべきである。特別の理由がある場合とは、どのような場合かが、当然問題になる。それは基本的に、当人が自身の意図について嘘を言っていると考える根拠がある場合である。

これは二つの場合に分けられる。ひとつは、そのひとが、問題となっている表現を、自分が表明したのとは違う仕方で使うことを意図している場合であり、もうひとつは、問題の表現を自分がどう使おうとするかについて明確な意図をもたないにもかかわらず、そのような意図があるかのように装っている場合である。

しかしながら、懐疑的議論との関連でいちばん問題となるのは、ひととは違う意味を言葉に結び付けている話者の場合である。いまあるひとSが、自分は「＋」で足し算を意味していると言い、前節の(2)によって表される意図をもっていると言ったとしよう。しかし、Sが実際に「＋」を使っているのを見ると、Sは「＋」でプラスではなくクワスを意味しているとしか思えないとする。この場合、Sによる、「＋」の意味についての自身の意図の表明は間違っていて、Sは自身が「＋」で何を意味しているかを知っていないということになるだろうか。

そうはならないと私は考える。Sは、自分が「＋」で何を意味しているのかを十分よく知っている。ただ、Sは「＋」で他のひとたちとは違う関数、つまり、クワス関数を意味しているだけである。でも、

Sは(2)によって、自分は「+」でプラス関数を表すと言っているのではないだろうか。いや、そんなことはない。Sによって言われた(2)において、「$x + y$」に現れる「+」は、プラス関数ではなく、クワス関数を表す記号だと解釈されるべきだからである。このことは、Sが実際に「+」を使う仕方からわかる。つまり、Sの意図は、本人にしかわからないような私秘的なものではない。

この場合、Sのまわりの人たちは、Sの「+」の使い方、また、そのような結果を招く「+」の解釈は「おかしい」、「普通じゃない」、あるいは「間違っている」とさえ言うことはできるが、「+」をそのように使うことを意図しているというSの主張が誤りであるとは言えない。よって、Sが、「+」の意味についての自分の意図を誤解しているとも言えない。だが、懐疑的解決はまさに、このように言う(拙著、一〇四頁)。それゆえ、懐疑的解決を私は取らないし、Sに、「「+」をきみはプラスと解釈しているのではなくて、クワスと解釈しているのだから、きみは自分が何を意味しているか知らないんだよ」と言うことはできないと考える。

だが、もちろん、Sが自身の用語法に固執する限り、Sは他の人々とコミュニケーションを取るのに困難を感じるだろう。クリプキが詳しく論じているように(そして、拙著がそれに輪をかけて詳しく論じたように)「+」の普通でない解釈は、他の多くの言葉にまで波及するからである。よって、Sが、「+」についての自分の解釈を捨てて、他のひとびとの「+」の使い方に従うようになることは、十分にありそうなことである(もともとSが「+」のクワス解釈を取るということ自体、ほとんどありそうにないことであるから、ここでありそうかありそうでないかを問題にするのは、いくらか滑稽だが)。このとき、「+」の意味についてのSの意図は、以前とは違ったものになる。それは、その意図の表明が、以前と同じく、(2)という文を用いて行われたとしても、そうである。「＋」の使用の変化から、まわりのひとは、(2)のなかで引用符のなかに現れていない「＋」は、もはやクワス関数を表すのではなく、プラス関数を表すことを知るだろう。

このように、言葉の意味についての個人がもつ意図は、その個人のまわりの社会からの影響によって、捨てられたり変化したりする。そもそもひとが、こうした意図をもつようになること自体、まわりの人からの影響による。人間は言語能力をもって生まれてくるとしても、野生児や孤立児といった例が示しているように、他人からの言葉に接する機会をもたなければ、言語を獲得することはできない。言語獲得の過程が具体的にどのようなものであるかについては、言語学的探究によるしかないが、その過程のなかで形成されるこどもの意図が、おとなの意図と同じになるという保証はない。しかし、こどもとおとなのあいだの、さまざまなレベルの共通性——どちらも人間であること、同じ社会のなかで同じような事物に囲まれて暮らしていること、親のような特定のおとなと生活をともにしてこどもが育つこと——によって、同じ意図をもつようになることは、おおいにありそうなことである。ある言葉について、こどもが「ふつうではない」意味の意図を形成してしまったとしても、その言葉を使って行くうちに、こどもはそのことに気付いて自分のもっていた意図を変化させて、おとなに合わせようとするだろう。

このように、意味についての意図が、社会のなかで形成され、社会からの影響を受けて変化することと、ひとが自分の言葉の意味についての「権威」であることとは、別に矛盾したり、対立したりするものではない。こどもでさえ、自分の言葉が何を意味するかに関しては「権威」なのである。だが、そのことは、自分の言葉が自分の意図通りに他人に理解されることを保証するものではない。

前節で定式化したような、言葉の意味についての意図は、話者がその言葉をどのように使うかについての意図である。それは、他人の言葉の意味の理解については何も言っていない。言葉を自分がどう使うかではなく、他人の言葉をどう受け取るかについての意図が必要になるのではないだろうか。

そうした意図は必要ないと私は考える。他人の言葉を聞くとき、多くの場合、われわれは、その他人も、使われた言葉の意味に関して、私がもっているのと同様の意図をもっているだろうと推測する。そして、こうした推測がおおむね正しいことは、ひとが他人から言葉を学ぶこと、また、そのように学ぶことを可能としている、さまざまな「偶然的」事実、たとえば、ひとが他人と共通の世界のなかにいること、人々の振舞がたがいに似通っていることなどに根拠づけられている。

もちろん、こうした推測が裏切られることはある。私自身が経験した例をあげよう。むかし私が熊本で教師生活を始めてまもなくの頃、ある学生に「先生、きのうスリッパで街を歩かれていましたね」と言われたことがある。これを聞いて私の心に浮かんだのは、病院や学校に備えているようなスリッパを履いて街を歩いている私の姿で、スリッパで街を歩いたことなどないと私は学生に抗弁した。話をしているうちにわかったのは、この学生の出身地では、「スリッパ」は、私がイメージしたような室内履きだけでなく、サンダルも含まれるということだった。この事実の発見は、新鮮な体験だった。私から見ると、この学生は、スリッパでないものを「スリッパ」と呼ぶ点で理不尽としか思えないが、逆に学生から見ると、私は、スリッパであるものを「スリッパ」と呼ばない点で理不尽だということになる。

この場合は、どの範囲のものを「スリッパ」と呼ぶかについての違いでしかないから、同一の言葉をどのように使うかについての意図が互いに異なっていても、その違いさえ双方に明らかであれば、相手の言うことを理解するのにたいした困難はない。だが、もっと根本的な違いが明らかになる場合だってないとは限らない。言葉遣いが自分と違うようにはまったく思っていなかった友人が、実はこれまで「＋」でプラスではなくクワスを意味していたことがわかるということさえ、論理的にはありえないことではない。他人の言葉が何を意味するかは、結局のところ、帰納の問題だからである。それに対して、自分の場合には、こうしたことはありえない。自分の言葉の意味を知ることは、自分の意図を知ることであり、それは、帰納による知識のような、証拠に基づく知識ではないからである。

当然、この逆の場合も論理的にはありうる。これまで自分がこういう意味だとして使ってきた言葉を、自分以外のひとはぜんぜん違った意味で使ってきていたということを発見するような場合である。こうした場合でも、私は、他のひととは違った意味で、その言葉を使ってきただけのことであって、自分がその言葉に与えた意味を知らないで使ってきたことにはならない。意味の懐疑論はここでも生じないのである。

註

(1) 『ウィトゲンシュタインのパラドックス』で、クリプキは、「パラドックス」の懐疑的解決のためには、文の意味を真理条件と同一視はできないと論じているが、話者の意図による「パラドックス」の解決を図る立場からは、こうしたクリプキの議論は無視してよい。

(2) 関口氏が引いている表現「自身の意図について本人がもつ特権性」で、私は氏が言うような非対称性を示唆したつもりはない。氏がなぜそう思われたのか理解に苦しむ。

Ⅳ　日本における分析哲学

17

哲学言語を作る——近代日本の経験から*

1

しばらく前のことになるが、『日本語が亡びるとき』(1)という本が話題をよんだことがある。その副題に「英語の世紀の中で」とあるように、この本は「グローバル化」して行く世界のなかで、日本語に生き残る余地はあるかという問いを提起したものである。著者の水村美苗は小説家であり、それゆえ、そこでの考察の中心は、日本語で書かれた文学作品の運命ということにある。日本語で書かれている限り、そうした作品の読者は国際的には少数にとどまり、世界の文学全体のなかではたして意義をもちうるだろうかというのが、著者の心配である。

こうした心配に根拠がないわけでないことは、自然科学における状況を見るだけでよくわかる。いまや自然科学のほぼすべての分野において、新しい研究は英語で発表されなければ、発表されなかったと同じことになってしまう。この傾向は自然科学にとどまらず、社会科学や人文科学の分野においても、同様の「英語の支配」は進みつつある。

こうした事態は、日本の近代文学が辿った道に照らすとき、きわめて皮肉なものとなる。日本の近代文学の開拓者たちは、西洋の影響を受けて急速に変貌して行く社会が生み出す新しい主題に取り組むだけでなく、そうした主題に適した日本語を作り出す必要があった。同じことは自然科学についても言える。西洋の科学が日本に根付き始めたのは、近代文学の成立とちょうど同じ時期のことであるが、(2)科学に携わった日本人が最初にしなければならなかったのは、大量の専門用語を始めとする科学のための言語を作り出すことであった。

しかしながら、一九世紀後半において、自然科学はすでに国際的な営みとなっていたのに対して、ルネサンス以後の西洋において、文学とは、特定の国民文化の一部であり、その国民の言語と結び付いたものとみなされていた。(3)一九世紀末にそうした文学の観念に初めて触れた日本人が、日本語で書かれた国民文学を作り出そうと考えたことに不思議はない。問題は、当時の日本人が扱おうとしていた主題を表現できるような日本語がまだ存在しなかったことである。多くの試行錯誤の末、こうした日本語が作り出され、比較的自在に使うことのできる文学言語を所有するまでになった。

ごく最近まで、日本の近代文学は、きわめて閉ざされた世界を形作っていて、作家も読者もこの状況に満足していたように思われる。だが、グローバリゼーションの進行と、日本国内での読者の減少は、日本語でこれから書かれる作品にどれだけの将来性があるかを危惧させるまでになっている。文学に関係する人々のあいだで、水村の本が大きな反響を呼んだ原因のひとつは、ここにあろう。

2

明治のはじまりの頃に、当時の西洋の小説や戯曲を知るようになった若者たちは、それが自分たちが親しんできた江戸時代の物語や芝居とまったく異なることを痛感したに違いない。同様に、同時代の西洋の哲学に触れる機会のあった日本人は、そこに、儒教や仏教のとはまったく異なる新しい観念の世界が広がっていることに気付いただろう。

西洋の哲学が日本の近代社会に足場をもつようになるには、文学の場合とは比べものにならないほどの困難があった。西洋の哲学は日本の社会に、結局根付かなかったと言うひとまでいるかもしれない。西洋の哲学が近代日本で経験したこうした困難にはいくつかの理由があるが、哲学のための十分な言語を作り出すことのむずかしさが、そのひとつであったことは疑いない。

哲学は、ある程度一般的で抽象的な概念を必要とする。西洋哲学がもたらされるまで日本語にそうした概念を表す言葉がなかったわけではない。儒教および仏教の伝統には、そうした言葉と概念が存在した。これは主として、漢字の組み合わせによって表される、中国から渡ってきた言葉と概念であり、それゆえ、普通の人々の話す日常の言葉とは区別される特殊な語彙を形作っていた。明治維新の直前に西洋の哲学が日本に入ってきたとき、(4)儒教や仏教の伝統に属する語彙とは別の、しかし、同様に特殊な語彙が、ごく短期間のあいだに作られた。しかも、その際、儒教や仏教に由来する語が転用されることもしばしば生じた。

哲学のための新しい用語をもつことで、われわれは自身の言語で、西洋に由来する哲学的問題や主張を議論できるようになった。たとえば、決定論と自由の問題や、カントの哲学について、ヨーロッパの言葉を通じてではなく、日本語で論じられるようになった。このことによる恩恵は過小評価されるべきではない。しかしながら、近代の先人たちから受け継いだ、こうした哲学の言葉は、多くの弊害ももたらした。それには少なくとも三つの理由がある。

第一に、哲学用語はたいていきわめて抽象的であるから、その意味の説明には、具体的な場面でそれがどのように使われるかを示してやる必要がある。(5) 自然科学の用語の多くも、哲学用語が作られるのと同じ時期に作られた。また、そのなかには一般的で抽象的なものもある。しかしながら、科学においては、一般的で抽象的な用語の意味を正確に特徴づけることに、それほどの困難はない。残念ながら、哲学においてはそうではなかった。新しい哲学用語の多くは、詳細な説明を欠いたまま、西洋の言葉を翻訳する語として日本語に導入された。

第二に、先に述べたように、新しい哲学用語のなかには、仏教や儒教の伝統から借りて来た言葉に、新しい意味が無理やりおしつけられたものも多かった。ここから混乱が生じてもおかしくない。たとえば、「自然」という語は、「nature」や「Natur」といった語の訳語として採用されたものであるが、これはまた中国哲学では道教の背景をもつ語でもあった。この二つの意味を混同しないようにすることはほとんど不可能であったために、多くの混乱やナンセンスが生み出される結果になった。(6)

第三に、少なくともごく最近まで、哲学用語の多くは、日常の会話で用いられる言葉とは異質のものであった。それは、翻訳語として、日常の会話に使われるならば落ち着きを欠いた。むずかしげな漢字を用いることもあずかって、哲学用語は、一般人の日常の言葉からかけ離れたものである。ウィトゲンシュタインは、哲学者が一般的で抽象的な概念を表すと考えられる言葉を用いるとき、そうした言葉が果たして、それがその故郷であるような言語のなかで、実際にそのように使われたことがあるかを自問すべきだと書いた（『哲学探究』一一六節）が、日本語の哲学用語は、そもそもそうした「故郷である言語」をもちえないのである。

最大の問題は、こうした哲学用語が、日本語の一部として確立してから出てきた。まがりなりにも日本語の一部となったということは、ひとが、その正確な意味に思いわずらわなくとも使うことができるということである。実際、ひとは自分の用いている言葉の意味を正確に理解して用いているのではない。自身の言語の一部であるという理由だけで、言葉にはその意味がついてくるとひとは考える。哲学用語についても同じである。それゆえ、ひとは、正確な意味どころか、漠然とした意味の了解も伴わずに、哲学用語を使うようになる。その結果は、理解の錯覚の蔓延である。しかも、こうした錯覚にもっとも陥りがちなのは、哲学を「専門とする」教師や学生である。

この錯覚は、たとえば次のような仕方で生じる。カントを真剣に研究したいという学生ならば、カントのテキストをもとのドイツ語で読むだろう。しかし、よほどドイツ語に堪能でない限り、カントの文章の理解には日本語の助けが必要になる。それはいったん日本語に「翻訳」されて理解されることになる。カントが用いているドイツ語の言葉が、その訳語とされる日本語の言葉で置き換えられることによって、カントが言っていることを理解したような錯覚が容易に生まれる。こうした置き換えによって生じた文は日本語の文のようにみえる。しかし、実際のところそれは、ドイツ語のいくつかの語を、日本語の「てにをは」で結び付けたものにすぎない。こうした文を生み出したひとが、その意味を説明できないことに何の不思議もない。

3

現在から振り返るならば、日本で哲学言語がいちおうの成熟をみたのは一九六〇年代のことだったと言える。それは、日本人が西洋哲学を取り入れ始めてから百年後のことである。この時期、日本の哲学者の大多数はまだ、以前通りの仕方で哲学について語ったり、書いたりしていたが、何人かの哲学者は、これまでとは異なるやり方で、哲学用語に向き合おうとし出していた。

先に述べたように、哲学用語の大部分はヨーロッパの言葉の訳語として始まった。もとの言葉を知っている者にとっては、自分がこうした訳語を、その原語と同じ意味で用いていると信じるのはたやすいことだった。こうした者は、日本語の哲学用語の意味を定義したり特徴づけたりする必要を感じなかっただろう。なぜならば、もとのヨーロッパの言葉を示すことで足りると考えたからである。しかし、もとの言葉が何を意味するのかは、ごくぼんやりとしかわかっていないということは、十分にありうる。その場合当然、日本語の哲学用語の意味についても、ぼんやりとした把握しかもたないことになる。その結果頻繁に起こることは、ひとが、哲学的主題について流暢に語ったり書いたりするにもかかわらず、自分が何について語り書いているのかわかっていないということである。これは、個人のなかだけではなく、複数のひとのあいだでも生じうる。一見完璧に理解しあっている人々のあいだで哲学の議論がスムースに進行しているとみえながら、実際のところ生じているのは、何の理解も伴わない言葉のやり取りだけといった事態である。

こうした状況に対抗して、自分の責任で哲学用語を使おうとする若い世代の哲学者が出てきた。こうした哲学者たちは、自分が哲学の言葉をどのように使うつもりかを、翻訳語のもとになった西洋の言葉に訴えることなく、意識的に特徴づけようと努めた。それと同時に、日常の言葉からそれほどかけ離れていない言葉で哲学の議論を行おうともした。こうすることで、西田幾多郎（一八七〇～一九四五）を中心とする京都学派に代表されるような秘教的な哲学のスタイルを追放しようとした(7)。

哲学では抽象的な概念を表す表現を使わないで済ますことはできないが、若い世代のこうした哲学者たちは、具体的な例を通じてそうした表現に説明を与えようとした。同様に重要なのは、仏教や儒教の用語を借りて西洋の抽象名詞の訳語として作られた日本語の抽象名詞を使わずに、自分が何を言いたいのかを表現することである。抽象名詞の使用を避ける良い方法は、議論の主題と関係する領域に関して使われる動詞や形容詞に注目することである。たとえば、日本語の「現象」は、「phenomenon」や「phenomena」に対応すると考えられるが、この名詞を扱うよりは、英語の「appear」や「occur」に対応するような日本語の動詞は何だろうかと考える方が、ずっと有益だろう。

これはちゃんとした研究が必要だが、一九六〇年代に書かれた日本語の哲学の文章を眺めるならば、相変わらず、もっぱら漢字で表された抽象名詞でページが黒くみえるようなものに混じって、それほど漢字で埋め尽くされていないために白っぽくみえるものがあることに気付く。こうした文体の変化の背景にあるのは、哲学用語に対する態度の変化であり、さらに、その底には、哲学観の変化がある。

4

前の世代から受け継いだ哲学言語を、日本の哲学者が意識的に作り直そうとし始めてから、だいたい半世紀経った[8]。哲学の一部には、難解さが深遠さのしるしだとみなされるような場所がまだ存在するとはいえ、一般に、哲学にかかわる人々のあいだで、表現が明瞭であることは、すぐれた哲学の文章であるために必要だと認められている。そして、現在われわれは、自分たちの用途に十分であるような哲学の言語を所有している。

こうした展開が生じたのが、哲学の国際化と国際共通語としての英語の独占的優位の確立と、ほぼ時期を同じくしたということは、大きな皮肉である。

最近生じた哲学の国際化は、哲学がより広範囲の地域のより多くの人々にとって重要となったから生じたということでは決してない。哲学がよりポピュラーになったというのではなく、その反対に、哲学が高度に専門化したことがむしろ哲学の国際化を推進してきたのである。哲学、少なくともアカデミックな哲学は、現在、多くの専門分野に分かれ、それぞれの分野の専門家のためになされている。

こうした専門化は、その必要性が容易に予想できる分野、たとえば、物理学の哲学、生物学の哲学、数学の哲学、あるいは、哲学史の諸分野だけにとどまるものではない。存在論、認識論、倫理学といった、哲学の中核的分野までが、専門家のものになっている。こうした分野のどれについても、その分野の研究者になりたいと思う者は、専門用語に満ち、しばしばテクニカルでもある、膨大な先行研究をマスターしなければならない。

哲学における専門化は、専門家どうしの国際的な意見交換のための共通言語として英語を採用することを伴っている。これは、自然科学の多くの分野で生じたのと同じことである。いまや哲学においてさえ、哲学の特定の主題に関して独創的な貢献をしたいと思うならば、英語で発表しなければならないという状況になっている。

現在見られるような専門化にまったく何の利点もないわけではない。哲学の問題のなかには、その解決のために、それに専念する人々からの集中的な努力を必要とするものもある。そして、それは、科学哲学や哲学的論理学といった専門的な分野だけとは限らない。

しかしながら、そうした問題が哲学のすべてではない。哲学はいつも専門家だけのものであったわけではない。ある重要な意味で、それは、すべての人のためのものである。哲学のなかのもっとも重要な問題は同時に、何世紀にもわたって満足な解決を見出せないでいる、もっともむずかしい問題でもあるが、それは、世界のなかでの自分の位置について考えようとするひとならば必ず関心をもつような問題でもある。

何かを選択したり、行うとき、われわれは自由にそうしているのか。
時間は実在するか。
すべてがそのうちになくなるのならば、人生に意味はあるのか。

こうした問いは、哲学の教育を何ら受けていない人であっても、ときには気になる問いである。論理実証主義者がかつてそうしたように、これを擬似問題として退けることはできない。こうした問いの背景に何らかの誤解や見落としがあったとしても、そうした誤解や見落としを指摘するだけでは、問いを追い払うことはできない。こうした問いに真剣に取り組み、それがどんな内容をもち、誰をも満足させるような答えを与えるのがむずかしいのはなぜかを、普通の人にわかるような平易な言葉で説明するのは、哲学者の仕事である。

現在の日本には、哲学を専門とする教師や学生といった範囲を超えた広い読者をもつ何人かの哲学者がいる。かれらの書くものは、哲学の何らかの分野の専門家に向けられたものではない。それは、現在の日本の文学のなかで、小さくはあるが、決して無視できない部分を占めている。本章の最初で言及したような、日本の文学の将来についての水村の憂いが、もしも正しければ、こうした哲学の文章もまた、日本語で書かれた文学一般と同じ運命をたどることになろう。そうすると、またしても皮肉なことに、一般の読者のための優れた哲学書を生み出せるほどに日本の哲学言語が成熟したまさにそのときに、この言語に未来はないということになる。

だが、本当だろうか。将来においては、専門家のためであれ、一般の読者のためであれ、哲学はすべて英語でなされるようになるのだろうか。

5

現在ほとんどの哲学者は、大学で教えることで生計を立てている。したがって、その多くは、自身の「専門」とはかけ離れた主題について教えなければならない。研究と教育のあいだのギャップにはしばしば大きなものがある。たとえば、数学の哲学を自身の専門分野とする哲学者が、自身の主題について教えられるようなポストにつくことはむしろ稀である。こうした哲学者は二重生活を送っているようなものである。ひとりで机に向かっているときには、専門の論文を英語で書くのに対して、教室では、哲学の入門的な授業をもつというわけである。日本の大学で教えているならば、それはほとんど常に日本語でなされなければならないだろう。

大学で教える世界中の哲学者の多くが置かれているのは、こうした状況である。研究と教育でこんなに違うことを扱っていて、いったいどうやって二つを両立させることができるだろうかと、かれらはしばしば自問するだろう。

この場合でも、教育と研究とは両立しないわけではなく、互いに他を補完すると言うひとがいるかもしれない。――哲学の問題はたがいに関連しあっているのだから、どんなに専門的な分野であっても、それが哲学である限り、誰にとってもかかわりのある哲学的問いと無関係なわけではない。関連があることを見て取ることは、ときには、きわめてむずかしいかもしれない。だが、どんなに間接的なものであっても、そうした関連はなくてはならない。さもなければ、その分野はもう哲学に属するものではない。

これはたしかに正論ではある。しかし、これは、研究と教育のあいだに何らかの関連があるはずだということを教えてくれるだけであって、それが具体的にどんな関連であるかを告げてくれない。それゆえ、この答えは何の役にも立たない。

大学で教えることを選び取る限り、哲学者は教育者としての役割を引き受けることになる。そうすると、哲学者として何を教育できるかということになる。それが自身の専門とする分野でないのだとすれば、結局のところ、それは、人が自分で考えること、そして、その考えたことを自分の言葉で表現するのを助けるということに尽きるのではないだろうか。

哲学者は、いくつかの一般的な概念や表現を供給することで、人が考えるのを助けることができる。そうした概念や表現が役に立つためには、それがその人の思考と言語の一部となることが必要である。したがって、この言語は英語とは限らないだろう。このことは、その母語が哲学をするために十分成熟したものになっていることが、哲学が、専門家だけのものではなく、考えようとする人すべてのためのものであるのに必要であることを意味する。

いまから百五十年ほど前に、日本の知識人は、西洋の哲学において、それまで知られていなかった新しい問題と、それを考えるための新しい仕方に出会った。この出会いから、哲学のための新しい言語を作ろうという努力が始まった。まず、新しい概念を表すための新しい語彙が創造された。そこには、日本にそれ以前からあった哲学的伝統から借りられたものもあれば、まったく新しく作られたものもあった。この語彙を構成する語の各々は、それが指そうとする概念を表すヨーロッパの語に対応すると考えられた。だが、外国語に由来する表現であっても、それがいったん日本語のなかに組み込まれるならば、その意味は言語の全体によって決定される。それゆえ、そうした表現は、新しい言語環境のなかでは、本来もたされるはずだった意味をもち続けることはできない(9)。

近代日本語の進化とともに、新たに導入された語のうちのあるものは、教育を受けた人たちの語彙の一部となったが、それ以外の語は、専門家だけによって使われるに留まった。この間にまた、研究者の努力によって、こうした語が表すとされた西洋の概念がよりよく理解されるようになり、新しい語彙に属する語が日本語の一部となる過程で意味するようになった概念と、もともとの西洋の概念との相違がはっきり意識されるようになった。これによって、日本の哲学者が、自分自身の責任で哲学用語を使うことが可能となった。語に何を意味させたいのかについて明確な観念をもてるのでなければ、こうしたことは可能ではない。そして、そのためには、漠然とした理解しかもてないという、それまでの日本の哲学用語の特徴が払拭される必要があった。

哲学の言語として日本語がそれほど不自由なく使えるようになるまでには、およそ百年かかった。それでもまだ問題は残っている。西洋哲学の古典的テキストのなかには、日本語への翻訳の伝統が尊重されるあまり、適切ではない訳語が踏襲されることによって、専門家どうしとは限らない哲学の議論にとって障害となっている場合がある。これとは別の問題は、こころの哲学のような専門化された分野での問題である。国際化が進んでいるこうした分野においては、英語の専門用語が日本語に翻訳されず、カタカナ書きでそのまま使われる傾向が強い。これも新しい哲学用語を日本語に組み込むためのひとつのやり方であるが、それは、専門家の理解と一般のひとの理解とのギャップという、昔と同じ問題を生み出す危険がある。

専門家のための哲学だけならば、哲学の言語として、英語以外の言語は必要ないかもしれない。しかし、哲学は専門家のためだけのものではないゆえに、日本語を母語とするひとのためには、日本語の哲学言語がなくてはならない。したがって、われわれ自身の哲学言語を維持し改良することは、日本の哲学者のつとめだろう。

6

最後に、今回の共通テーマである「アジア的価値」ということについて触れたい。

まず問われるべきことは、「アジア的価値とは何か」ということである。たぶんそれは、アジアにおける複数の伝統を通じて形成されてきた価値観を指すのだろう。そうした伝統のなかでもっとも重要なのが、仏教の伝統と、古代の中国にまで遡るさまざまな伝統であることに異論はないだろう。

これらの伝統は、二つの異なる仕方で、哲学的探究の対象となりうる。第一に、それは、哲学史的研究の対象となる。その長い歴史と影響の広がりのゆえに、これは巨大な研究対象を構成する。そのさまざまな側面は、多様な専門的研究を生み出してきたし、これからも生み出すだろう。

第二に、こうした伝統的価値観は、現在でも生きている伝統の一部をなすものとして、哲学的探究の主題となりうる。そうとわれわれが思っていなくとも、現在のわれわれの生活は依然としてこうした価値観に大きく影響されているかもしれない。そうした影響はもはや残っていないとわかったとしても、その場合には、伝統的な価値観がもはや妥当でないからそうなったのか、それとも、それはむしろ偶然的で外在的な原因によってそうなったのかと問うことができる。こうした問いは、人々の日々の生活にかかわるものであるから、哲学の専門家だけでなく、アジア的伝統をもつ社会に暮らす人一般にかかわる問いである。

考えてみれば、価値観だけに限る必要はない。アジアのさまざまな伝統のなかには、形而上学的なものもあれば、認識論的なものもある。そして、同じことがここでも成り立つ。すなわち、それは、専門的研究の対象となると同時に、アジア的伝統のもとに生きる人すべてにかかわる問いを提起する。

西洋哲学を本格的に移入した百五十年前の日本の知識人は、当時の伝統的教育を受けていた。[10] この教育とは、中国の古典的テキストの暗誦を中心に、新儒学や国学の要素が加味されたものであった。かれらのなかには自分の受けた教育から完全に離れようとした者もいたが、若い時に受けた教育の影響が一生涯消し難く残ったことは否定できない。伝統的学問はかれらのなかで生き続けていたし、必要ならば、それを利用することもできた。したがって、この伝統は、西洋の哲学と対比されるものとして常に意識され、ときには、批判的検討の対象ともなった。

現在の日本の哲学者は一般に、こうした教養をもっていない。私自身の場合で言えば、私が受けた哲学教育は、完全に西洋の哲学のものである。私の知り合いに、東洋の哲学に大きな関心をもっている、オランダ出身の若い哲学者がいる。江戸の儒学のさまざまな学派のあいだの違いがどこにあるのか、ダルマキールティ（法称）の知識論がなぜ興味深いのかといったことを、かれはよく知っているが、こうしたことはいずれも私にとっては初めて聞くことばかりである。

もちろん、これはまったく自慢できることではない。西洋哲学が来る前にどのような哲学的伝統をわれわれがもっていたかを、われわれは再発見しなければならない。使い物になる哲学言語と、必要とされる分析道具を所有するようになった現在こそ、そうするための正しい時だとさえ言えよう。西洋の哲学に出会った百五十年前の日本人は、アジア的伝統のもとでの哲学を、生きたものとしてもっていた。しかし、残念なことに、かれらには、西洋の哲学を正しく評価するために必要な分析道具が欠けていたのである。

われわれが日々出会う問題のなかには、その原因を探って行くならば、アジア的伝統からの影響がわれわれの社会に残っていることにたどり着くものがあるかもしれない。われわれ自身の哲学言語をもっていることは、こうした問題を哲学的な観点から考察するのに役立つはずである。アジア的価値のもつさまざまな特徴を表現するのに英語だけでは不十分であることは、ほぼ確実である。こうした特徴の分析のためにも、われわれ自身の言語は不可欠である。他方、西洋の概念に対応する概念を表現するものとわれわれが考えている哲学用語が、実際にそうではない可能性についても無視してはならない。

こうした食い違いの可能性にもかかわらず、西洋の哲学的伝統がわれわれの現在の哲学言語の形成に大きく寄与しているという事実は、われわれの生活のなかに見られる哲学的に重要な側面を、たいていの場合、英語を含む他の言語で表現することを許すだろう。

もうひとつの、哲学の国際化が必要である。それは、さまざまな人々の、固有の文化とそのもとでの生活の現実に根ざした哲学的活動の成果を持ち寄ることである。「アジア的価値」というものに哲学上の意味があるのだとしたら、それは何か昔あったものを復活させようということではありえない。それはむしろ、いま生きているわれわれの文化のなかでの日々の現実のなかから出てくるものでなくてはならない。

＊　註

＊　これはもともと二〇一三年八月にアテネで開催された世界哲学会議（The World Congress of Philosophy）での「哲学とアジア的価値Philosophy and Asian Values」をテーマとして開催された「東アジア哲学学会セッション」のために英語で書かれた原稿の日本語版である。英語版の作成の際には、ラヨス・ブロンス氏からのコメントに大きく助けられた。日本語版を作成するにあたっては、アテネでの会議のほぼ一か月後、二〇一三年九月十五日に慶應義塾大学での教育思想学会で開催されたコロキアム「自己を超えて」のために用意した予稿「日本語での哲学　その過去と将来」の一部を利用した。

（1）　水村美苗『日本語が滅びるとき──英語の世紀の中で』二〇〇八年、筑摩書房。二〇一五年に増補版がちくま文庫として刊行されている。

（2）　「鎖国」のあいだも、西洋の科学は、天文学、化学、医学などの分野で、日本に入って来ており、その影響を無視することはできないが、西洋の科学がすべての分野で一挙に入って来たのは、「開国」以後のことである。

（3）　ヨーロッパ中世におけるラテン語で書かれた文学の広がりを考えるとき、国民言語と文学とのつながりは必然的でないことがわかる。同様に、日本においても、明治時代の終わりまで存在した、漢文学の長い伝統があったことを忘れてはならない。

（4）　西洋哲学が日本に入ってきたのは、このときが最初ではない。一六世紀には、宣教師がキリスト教神学の一部としてもたらした西洋哲学に触れた日本人も少なくなかったと思われる。しかしながら、周知のように、一七世紀の初めにキリスト教が禁止され、鎖国政策が取られたために、この最初の接触は何らの結果ももたらさなかった。

（5）　哲学用語の多くは、定義によっては十分に説明されない。基本的な用語に関して定義はまったく役に立たない。

（6）　次は、近代の日本語における「自然」という語の歴史の研究である。柳父章『翻訳の思想──「自然」と

Nature』一九七七年、平凡社選書。

(7) この時代の若い世代を代表する哲学者のひとりであった大森荘蔵(一九二一~一九九七)は、「音楽的哲学、あるいは祈祷的哲学」ではなく「散文的哲学」を、と言った(「哲学的知見の性格」初出一九六三年、『大森荘蔵セレクション』(二〇一一年、平凡社ライブラリー)所収)が、前者で意図されていたのは、おそらく京都学派のスタイルの哲学だろう。大森はまた、分析哲学を第二次大戦後の日本に導入した哲学者のひとりでもあった。このことは、大森が、日常の言葉に近い哲学のスタイルを意識的に目指したことと無関係ではない。

(8) 文学において同様の試みはずっと以前に始まっており、森鷗外の『雁』(一九一三年)と夏目漱石の『こころ』(一九一四年)が発表された頃にはほぼ完了していた。この点で、哲学は、文学に対して半世紀遅れていたと言える。

(9) これは、柳父章がその著作の多くの箇所で強調している点である。先の註に挙げた文献のほかに、次も参照されたい。柳父章『翻訳学問批判』一九八三年、日本翻訳家養成センター。

(10) ラヨス・ブロンス氏の指摘による。

18 近代日本における科学と哲学

科学という乗り物に乗って

古代ギリシアに始まった哲学が全世界に広まるのにあたって、キリスト教という宗教が果たした役割はきわめて大きい。ギリシア哲学はキリスト教という乗り物に乗って、地球上のさまざまな場所にまで伝わった。そうした場所のひとつが、戦国時代の日本であり、われわれの祖先がアリストテレスの存在を初めて知ったのは、キリスト教の宣教師を通じてであった。この時期のヨーロッパは、近代の科学革命がちょうど始まった時期であったのに対して、キリスト教を禁止して鎖国に入った日本が、約二百五十年後にふたたび出会ったヨーロッパ（とアメリカ）は、科学革命によって生み出された科学によってははるかに強大な存在になっていた。そして、西洋の哲学が今度乗って来た乗り物は、キリスト教というよりはむしろ、科学であった。つまり、西洋の科学技術をそれだけで取り入れることはできず、そうした達成を可能とした、ものの考え方をも取り入れなければならないという認識こそが、西洋の哲学を摂取する原動力となったのである。

西洋の哲学の摂取は、まず、当時のヨーロッパでの最新の哲学、とりわけ、J・S・ミル、コント、スペンサーなどの紹介から始まった。こうした思想は、文明開化の思想的基盤となり、さらには自由民権運動にも影響を与えるようになった。他方、当時のドイツに国家のモデルを求めた明治政府は、ドイツ系の哲学を奨励した。一八八七年には、「帝国大学」という名称をその前年に得たばかりの東京大学に、哲学を講じるために外国人教師が招かれた。最初ブセット（ブセ。一八六二〜一九〇七）が、その後ケーベル（一八四八〜一九二三）が、主にカントを中心とするドイツ哲学の講義を行った。

二〇世紀に入る前後から、自然科学にかかわる哲学的話題を論じた出版物も次第に目につくようになる。物理学関係の目ぼしいものを、古田智久の労作『科学哲学文献目録 PART I 1868〜1945年』（一九九四年、日本大学文理学部哲学研究室）によって拾ってみよう。まず、一八九八年から翌年にかけて『東洋学芸雑誌』に連載された、長岡《ながおか》半《はん》太郎《たろう》の論文「エネルギー不滅則」がある。それに引き続くようにして、一九〇〇年から翌年には、ヘルムホルツの論文の翻訳が「第十九世紀ニ於ケルエネルギー論ノ発達」という題で『信濃教育会雑誌』に連載されている。一九〇一年の『東洋学芸雑誌』には、ポアンカレの論文の翻訳「実験物理学と数理物理学との関係（に就て）」がある。

数学に目を移せば、集合論およびそれを用いた実数論が日本に紹介されたのは、ジョルダンの『解析教程』（一八九三〜九四年）の一部を林鶴一《はやしつるいち》（一八七三〜一九三五）が増補を加えつつ翻訳した『微積分学ノ基礎』（一九〇九年）が最初であるという。また、公理的自然数論が現れた最初は高木貞治《たかぎていじ》の『新式算術講義』（一九〇四年）あたりであるともいう。[1] 林鶴一は、一九〇七年発刊の『哲学雑誌』に「非ユークリッド幾何学に就て」という論文を書いているだけでなく、ジョルダンの翻訳を出した同年には、ポアンカレの『科学と仮説』の訳を『科学と臆説』という題で翻訳している。さらに、大正に入ってからは、一九一二年に小野藤太《おのとうた》との共訳でヒルベルトの『幾何学基礎論』の翻訳（『幾何学原理』）を出している。

このように大正になると、哲学的な観点から科学を扱った出版物は急速にその数を増す。また、本当の意味で独創的と言えるかどうかはともかく、単なる翻訳ではない論文・著書も数多くみられるようになる。また、アインシュタインの訪日（一九二二年）もあって、新しい物理学への関心がかつてないほどの高まりを示したのも、この時期である。この時代のアカデミズムのなかで科学と哲学との関係を論じた代表的な哲学者は、桑木厳翼《くわきげんよく》（一八七四〜一九四六）と田辺元《たなべはじめ》（一八八五〜一九六二）である。前者の『科学に於ける哲学的方法』と後者の『数理哲学研究』の両方が揃って一九二五年に出版されているのはご愛嬌だが、桑木は東京大学、田辺は京都大学にいて、いずれも新カント派の科学論・数学論を展開した哲学者である。

他方、当時の日本の科学者が、科学と哲学との関係についてどの程度まで自覚的であったかをみるには、寺田寅彦《てらだとらひこ》（一八七八〜一九三五）のいくつかの文章にあたるのがいちばんよいように思われる。たとえば、どちらも一九一七年に発表された二篇「時の観念とエントロピー並びにプロバビリティ」「物理学と感覚」（いずれも『寺田寅彦全集第五巻』（一九九七年、岩波書店）に収録）を見れば、かれが、相対論や量子論といった当時の科学が提起している問題が哲学のそれと密接に関連するという認識をもっていたことがよくわかる。

科学の位置

論理実証主義が日本でも知られるようになるのは、昭和に入ってから、それも一九三〇年以降であるが、古田智久が指摘しているように、(2)それは、新カント派の圧倒的な影響のもとにあった日本の哲学アカデミズムの採るところではなかった。それでも、既に太平洋戦争に突入していた時期に論理実証主義者の論文の翻訳を収めたアンソロジーが二冊も出版されていたということを意外に思う人も多いのではないだろうか。(3)

敗戦は、日本の哲学界にも大きな変化をもたらした。もっとも顕著な変化は、マルクス主義哲学の躍進である。戦前のアカデミズムが新カント主義に支配されていたのとは別の仕方で、敗戦からの二十年余りの時期、つまり一九六〇年代の終わりまで、日本の哲学アカデミズムでもっとも大きな影響力をもっていたのは、マルクス主義であった。ただし、こう言うことは、何も日本の大学の哲学科のすべてで、かつての社会主義国の大学の哲学科のように、マルクスやマルクス主義者の著作が必修テキストとなっていたということを意味するものではない。実情は逆で、そうした著作が哲学科のゼミのテキストとして選ばれるのは、ごくまれであったと思われる。この時期におけるマルクス主義哲学の中心的位置は、それが、ほかの哲学説を評価する際の準拠枠としてしばしば用いられたということによる。とりわけ、戦前の日本における哲学教育の基本にあった、カントからヘーゲルまでのドイツ哲学は、もっぱら、マルクスやエンゲルスに至る過程にある哲学とみなされた。たとえば、アカデミズムのなかでヘーゲルを研究する者が、マルクスやマルクス主義の存在を意識せずにいるということは考えられないことであった。

「科学的社会主義」という自己規定からもわかるように、マルクス主義の哲学もまた、戦後すぐにアメリカから改めて入ってきた論理実証主義の哲学と同様、科学主義的な哲学のひとつであると言える。ただし、科学の典型と後者がみなしたものが数理物理学であったのに対して、前者にとってのそれがマルクス主義経済学であったことは言うまでもない。当然ながら、冷戦が哲学にも反映されるかのように、論理実証主義、後に、分析哲学は、マルクス主義の哲学と対立するものとみなされた(4)。しかし、科学をプラスイメージで捉える点において、両者のあいだに違いがなかったことは注目に値する。物理的世界であろうが、人間社会とその歴史であろうが、その成り立ちを知ることは、それが何に役立つかとは独立に価値をもつことであり、そうした知識を得るためにわれわれが唯一採用すべきなのは「科学的方法」であるといった信念は、二〇世紀中葉の日本において広く受け入れられていた信念であり、実存主義のように、それに反対する声がないわけではなかったにせよ、哲学においても大勢としては支持されていた。

こうした信念が揺らぎ出したのは、一九六〇年代後半からである。マルクス主義の急速な退潮が生じた時期がこれとだいたい同じであることは、偶然ではない。敗戦から現在に至るまでの六十年ほどのあいだに「科学的」という概念が蒙った大きな変化には、少なくとも二つある。ひとつは、「科学的」なものへの信頼が弱まったことであり、もうひとつは、「科学的」ということが何に存するかについての、それまであった了解が強く疑われるようになったことである。生活のすべてにわたって科学が基準を与えるという信念、あるいは科学こそが世界の真相を告げるという確信のどちらも、われわれのあいだでは、かつてほどの説得力をもたなくなってきているように思われる。だが、それにもかかわらず、われわれの生活と認識にとって、科学がある中心的な位置を占めていることは疑いようのない事実である。科学に付着してきたイデオロギー的な要素の多くが削ぎ落とされた現在、この中心的な位置を正確に測量することは以前ほどの難事業ではないかもしれない。そして、このことに分析的伝統の哲学は貢献できるだろうと思われる。日本において、この伝統が科学主義のスポークスマンとしてはたらいてきたことは事実である。だが、同時に、ウィトゲンシュタインの影響が、この伝統を科学主義とは反対の方向に向かわせる力として作用してきたことも否定できない。

分析的伝統の哲学が、過去の偉大な哲学が備えているような深みをもつ哲学たりえているかどうかを問うのは、まだ時期尚早だろう。だが、もしもこの問いへの肯定的な答えを予測する根拠が少しでもあるとすれば、それは、この伝統が、科学主義への傾向を本来的に強くもちながらも、完全にそれに屈服することなく、今日まで来たということに求められるだろう。

註

（1） 以上の記述は、田中尚夫・鈴木登志雄「ゲーデルと日本――明治以降のロジック研究史」（田中一之編『ゲーデルと20世紀の論理学1　ゲーデルの20世紀』二〇〇六年、東京大学出版会）三九～四四頁による。
（2）古田智久「戦前日本の科学哲学・言語哲学」『哲学の歴史11　論理・数学・言語』（二〇〇七年、中央公論新社）所収。
（3）『ヴィーン・シカゴ学派　統一科学論集』篠原雄訳、一九四二年、創元社、および、『ヴィーン学団　科学論理学』中村克己・平野智治・吉岡修一郎・伊藤誠・篠原雄訳、一九四四年、白新書院。
（4）しかし、きわめて異端的ではあってもマルクス主義者であったノイラートの例からわかるように、論理実証主義とマルクス主義とがまったく相容れない立場であったわけではない。

19 日本の分析哲学　一九七〇年前後

分析哲学の転機

ここに記そうと思うのは、一九六七年から一九七二年にいたる期間、いまならば分析哲学と呼ばれる哲学が日本のなかであった場所が、当時のひとりの学生にどう映ったかである。なぜこの期間かと言えば、それが、私が大学に入学して卒業するまでの期間だったからである。

だが、いま振り返ってみるならば、この時期は日本の分析哲学が大きな転機を迎えた時期であったとも思われる。その転機とは、一言で言って、それまで「科学哲学」と呼ばれて、日本の哲学アカデミズムからは、せいぜいよくても周辺的なものとしてしか認知されていなかった種類の哲学的活動が、その主流とまでは言わないにしても、少なくともその内部の存在として認知されるようになったことに存する。
だが、まずは、私がそもそも「分析哲学」に興味をもったきっかけから話そう。それは、一九六七年の三月のことであった。大学入学直前のこの時期を私は、何か宙ぶらりんな感じで過ごしていたが、そのときに出会ったのが、培風館から出ていた〈科学時代の哲学〉という全三巻から成るシリーズだった。培風館という理系の出版社の本は、文系志望ではあったが数学が好きだった私にとって馴染みがなくはなかった。新数学シリーズという紅白の表紙の、判型が小さめなものがあって、そのなかの『集合論入門』（赤摂也《せきせつや》著、一九五七年）や『論理学』（吉田夏彦《よしだなつひこ》著、一九五八年）などは、それまでに手に入れていて、ある程度は読んでもいたと思う。

私がそれを読む三年ほど前、すなわち、一九六四年に刊行されていた〈科学時代の哲学〉は、第1巻が『論理・科学・哲学』、第2巻が『人間と社会』、第3巻が『自然と認識』と題されていて、各巻の編者には、碧海純一《あおみじゅんいち》、石本新《いしもとあらた》、市井三郎《いちいさぶろう》、大森荘蔵《おおもりしょうぞう》、沢田允茂《さわだのぶしげ》、吉田夏彦といった人々が名を連ねていた。また、こうしたジャンルの本には珍しく、すべて横組みであった。

私はこれを第1巻の最初から読み出して、第3巻の最後まで、ほとんど一気に読み通したように憶えている。何よりもおどろいたのは、読んでわかることである。もちろん、「わかる」というのは主観的なもので、本当にわかったのかとひとから問われたならば心もとなかっただろうが、それ以前に少し覗いてみたことのある哲学関係の本とまったく違う種類の読書体験であったことはたしかである。二つの点が大きく印象に残っている。ひとつは、話が具体的だったことである。一般論からではなく、生活のある特定の側面や、科学の特定の理論から、話が進んでいることである。もうひとつは、過去の哲学への否定的スタンスである。このシリーズの執筆者のすべてが、こうした姿勢を共有していたわけではないだろうが、それがとくに私の印象に残ったのは、私が以前から漠然と抱いていた哲学書への敵意のようなものの正当化がそこにあるように思えたからだろう。

しかし、このシリーズの全体を通じて私がいちばん強い印象を受けたのは、論理実証主義についての大森荘蔵の文章、とくに、その終わりの方に引かれていたウィトゲンシュタインの『論理哲学論考』からのいくつかの文章であった。しかし、坂井秀寿《さかいひでひさ》による『論理哲学論考』の全訳と藤本隆志《ふじもとたかし》による『哲学探究』の抄訳とを合本にした、ウィトゲンシュタインの最初の翻訳が出たのは翌年の一九六八年のことである（大修館版の『ウィトゲンシュタイン全集』の刊行が始まるのはさらに後の一九七五年のことである）から、このときにはまだ日本語でウィトゲンシュタインを読むことはできなかった。それで、いずれはウィトゲンシュタインを読むときのための準備として、私が始めたのは、論理学の勉強であり、また、科学哲学関連の本を手当たりしだいに読むことであった。そうして読んだ本のなかでいまでもなつかしく思い出すもののなかには、前原昭二《まえはらしょうじ》『数理論理学序説』（一九六六年、共立出版）、岩村聯《いわむらつらね》『束論』（一九六六年、共立出版）、永井成男《ながいしげお》・黒崎宏《くろさきひろし》『科学哲学概論』（一九六七年、有信堂）などがある。

哲学とは？

ところが、周知のように、私のいた東京大学では、一九六八年の六月から学生ストライキが始まり、このストライキは翌年一月の安田講堂攻防戦の後まで続いた。初めは授業のないクラスに集まって、ストライキの是非について討論するということがしばらく続いたが、そのうちにストライキ賛成派（つまり、全共闘である）だけで、とくに予定もないのに集まって、雑談をしたり、気の合った者どうしで映画を見に行ったりといった、意外にのんびりとした日々が続いた。緊迫した事態になったのは六八年の暮れからで、さすがに安田落城の前後はいろいろあって大変だったが、大学が正常化した後、私と私の友人たちは試験をボイコットしたために揃って留年し、まさに遊民の生活を一年以上送った。

こうした事柄は、一時的に私の読書傾向にも影響を与えた。その頃、いちばん「流行《はや》っていた」哲学が何かと言えば、それは、メルロー゠ポンティであり、メルロー゠ポンティによって見出された後期フッサールだった。『知覚の現象学』の訳書の一冊目が出版されたのは一九六七年のことであり、「フッサールの後期思想を中心として」という副題をもつ新田義弘《にったよしひろ》の『現象学とは何か』が出版されたのは、その翌年の六八年のことである。このどちらについても私は比較的熱心な読者だったが、そこから何か学んで自分で使うというところまでは行けなかった。

だが、ひとりでする読書など、哲学にとってはたいして役に立たないということを痛感したのは、七〇年の秋から私が在籍した東京大学教養学部教養学科科学史・科学哲学コースでの大森荘蔵のゼミに出るようになってからである。哲学教師としての大森の偉大さについては、中島義道《なかじまよしみち》を始め、多くの人の証言があるから、いまさら私が言うまでもないが、哲学とは勉強するものではなく自分ですることなのだということを身をもって知ったのは、まったく大森のおかげである。大森の最初の論文集『言語・知覚・世界』が岩波書店から出版されたのが一九七一年のことであるのに、私がその全体を読んだのがそのときではなく、ずっと後の自分が教師になってからのことだったのも、本人に聞けば済むことをわざわざ読むまでもないと思ったからだろう。

科学哲学から分析哲学へ

ところで、大森のゼミで取り上げられたテキストとしていますぐ思い出せるものとしては、何と、岩波文庫版の『純粋理性批判』しかない。これはゼミに出ていた誰かが読んでみたいというので取り上げられたもので、だいたい毎学期そうした具合にしてテキストは決まっていたはずである。こうしたテキストの選び方からもわかるように、科学哲学という特別のジャンルがあると大森は考えていなかったと思う。また、科学哲学に特有の方法があるとも考えていなかっただろう。それに対して、私と同世代の「科哲」の学生は、もちろん、みながみなそうだったわけではないだろうが、科学哲学とは、世に言う哲学とは区別される新たなディシプリンであるという意識をもっていた。「分析哲学」という名称も、もうその頃には用いられていたはずであるが、私のまわりではあまり一般的でなかったが、その理由もまた、同じようなところにあったのではないだろうか。

だが、当然のことだが、「科学哲学」は哲学とは別物だという考えは、「科学哲学」は哲学ではないという帰結に導く。たぶん一九八〇年代にいたるまで「科学哲学」という日本語の名称は、「科学についての哲学的考察」という意味で用いられるよりも、論理実証主義に起源をもつ「科学的哲学」の意味で用いられた。そして、こうした意味での科学哲学は、アメリカの場合と違って、日本の哲学アカデミズムのなかでは、戦前戦後を通じて部外者扱いをされてきた。大森でさえそうだったと私は思う。こうした状況が変わり出したのは、まさに一九七〇年前後だったというのが、私の仮説である。

こうした変化を象徴するひとつの出来事は、一九七二年春に黒田亘《くろだわたる》が東京大学文学部の哲学講座に着任したことである。黒田とともに、「科学哲学」ではなく「分析哲学」という用語が、日本の哲学のなかで定着する。それにあずかって大きかったこととして、黒田が、論理実証主義流の、過去の哲学への否定的態度をもっていなかったことが挙げられるだろう。黒田にはロックやヒュームについての研究論文があり、西洋哲学史全般についての該博《がいはく》な知識があった。たまたま、私もまた黒田が東京大学の文学部に着任したのと同じときに、駒場の「科哲」から本郷の「哲学」に移ったが、それからの二年間に黒田がそのゼミで取り上げたテキストは、大森の場合と違って、いまでもはっきり憶えている。フレーゲ（「意義と意味について」をはじめとするいくつかの論文）、ストローソン（『個体と主語』）、ヒューム（『人間本性論』）、ウィトゲンシュタイン（『確実性について』）がそれである。いまゼミのテキストとして選んでもまったく違和感のないものばかりであることにおどろかされる。

一九七〇年代の残りを通じて、分析哲学は日本の哲学界に地歩を固めることに成功したと言えよう。だが、そのことによって失われたものも大きいように思われてならない。たとえば、〈科学時代の哲学〉の多くの頁から伝わってきていたような、新しい哲学的展望の発見の興奮がそれであり、過去の哲学などなかったかのように一から考え直そうという精神がそれである。「通常科学化」した分析哲学に叛旗《はんき》を翻す学生が出てきてもおかしくない頃かもしれない。

あとがき

勁草書房から本を出してもらうのは、『言語哲学大全』の最終巻『Ⅳ　真理と意味』（二〇〇二年）以来のことである。

『言語哲学大全』が完結したあと、それまでに発表したり書いていたりした論文を『言語哲学大全拾遺』というタイトルでまとめようという話もあったが、その頃私は、日本語の体系的意味論という企てに熱中していたので、過去の仕事をまとめるというようなことには気が進まなかった。

その一方で、ちょうどこの頃から「分析哲学とは何か」といったテーマで何か書いてくれという注文をときどき受けるようになった。哲学の場合、数学や自然科学の場合と違って、論文と論文以外の書き物――解説、紹介、エッセイといったもの――の区別はそれほど明確なものではない。しかし、書く側としては、哲学――あるいは、哲学のなかのその分野――を専門としているのではない人を対象に書くかどうかで、二者を区別している場合が多いだろう。私の場合もそうである。ただし、書かれたものが、意図された読者に理解できるものになっているかどうかは別問題である。

数年前に勁草書房の土井美智子さんから、そろそろ論文集でも出しませんかと声をかけてもらったとき、それまでに発表したもののリストを見返して気付いたのは、私のなかでは論文というカテゴリーに入れていなかったものの意外な多さであった。そこで浮かんだのが、そうした文章を中心に一冊の本を編んでみたらという考えであった。

残念なことにわが国では、「分析哲学」と聞くとすぐ百年近く前の論理実証主義を思い出したり、せいぜい良くとも、論理や言語の問題しか扱わない特殊な哲学だと考えるといった誤解や偏見がいまでも通用しているようにみえる。こうした状況のなかでは、過去の私の文章にもまだ、それなりの意義があるかもしれない。こう考えてできたのが、本書である。

哲学史が哲学だという誤解が広まっているせいか、哲学の分野での紹介や解説は、すでに名前が通っている過去の哲学者とその説についてのものになりやすい。同じ理由で、分析哲学や現象学といった「哲学流派」が取り上げられる場合は、関連する哲学者の名前を挙げながら、その歴史を概説するといったものになる。しかし、「分析哲学は終わった」という風評とは違って、世界的にみるならば、分析哲学はいまやただの哲学として、伝統的に哲学が扱ってきた領域の全体を覆う生きた哲学である。本書の副題で「これから」が「これまで」に先立っているのは、それゆえである。

最後に、本書を構成する文章を書くきっかけを作ってくれた皆さん、および、本書をまとめるのに必要だったひと押しをしてくれた、先にもお名前を挙げた土井さんに感謝します。土井さんには、それだけでなく、本書の出版の全過程において行き届いた配慮をしていただきました。ありがとうございました。

二〇二〇年三月三〇日

飯田　隆

初出一覧

序論　哲学の未来のために　書き下ろし

Ⅰ　分析哲学とは何か

1　哲学と「哲学の言葉」『三色旗』慶應義塾大學通信教育部、1998年12月号

2　分析哲学としての哲学／哲学としての分析哲学　『現代思想』青土社、2004年7月号

3　専門化する哲学の行方　『現代思想』青土社、2013年1月号

4　分析哲学は哲学になったか　『現代思想』青土社、2017年12月臨時増刊号

Ⅱ　フレーゲとウィトゲンシュタイン

5　フレーゲ　AERA Mook『現代哲学がわかる』朝日新聞社、2002年2月

6　論理の言語と言語の論理　納富信留・岩波敦子編『精神史における言語の創造力と多様性』慶應義塾大学言語文化研究所、2008年3月

7　論理学から形而上学を引き出す　『現代思想』青土社、2017年3月臨時増刊号

8　言語とメタ言語　『現代思想』青土社、1998年1月号

9　分析哲学から見たウィトゲンシュタイン　KAWADE道の手帖『ウィトゲンシュタイン――没後60年、ほんとうに哲学するために』河出書房新社、2011年6月

10　なぜカヴェルを読むのか？（原題「哲学における自伝的要素の擁護――哲学の可能性について認識を新たに」）『週刊読書人』2008年8月8日

Ⅲ　真理・様相・意味

11　真理　『事典 哲学の木』講談社、2002年3月

12　論理学におけるモダリティ　澤田治美編『ひつじ意味論講座 3　モダリティⅠ――理論と方法』ひつじ書房、2014 年 9 月

13　本質と必然　1996 年度哲学会（東京大学）シンポジウム提題、本書初収録

14　三段論法と死　『思想』岩波書店、2015 年 4 月号

15　三段論法と死㈡　書き下ろし

16　意味と意図　『西日本哲学会年報』第 26 号、2018 年 10 月

Ⅳ　日本における分析哲学

17　哲学言語を作る　第 23 回世界哲学会議（2013 年 8 月、アテネ国立大学）での英語講演の日本語化、本書初収録

18　近代日本における科学と哲学　飯田隆責任編集『哲学の歴史 11　論理・数学・言語』「総論」より、中央公論新社、2007 年 4 月

19　日本の分析哲学 一九七〇年前後　飯田隆責任編集『哲学の歴史 11　論理・数学・言語』中央公論新社、2007 年 4 月

人名索引

ア行

カ行

サ行

タ行

ナ行

ハ行

マ行

ヤ行

ラ行

ワ行

事項索引

サ行

タ行

ナ行

ハ行

マ行

ヤ行

ラ行

ワ行

著者略歴

1948年　札幌市に生まれる
1978年　東京大学大学院人文科学研究科博士課程退学
現　在　慶應義塾大学名誉教授
著　書　『言語哲学大全Ⅰ～Ⅳ』（勁草書房、1987～2002年）
『規則と意味のパラドックス』（ちくま学芸文庫、2016年）
『新哲学対話』（筑摩書房、2017年）
『日本語と論理』（NHK出版新書、2019年）
『虹と空の存在論』（ぷねうま舎、2019年）ほか

分析哲学　これからとこれまで　けいそうブックス

2020年5月20日　第1版第1刷発行

著　者　飯《いい》田《だ》　隆《たかし》

発行者　井　村　寿　人

発行所　株式会社　勁《けい》草《そう》書房

112-0005 東京都文京区水道2-1-1　振替 00150-2-175253
（編集）電話 03-3815-5277／FAX 03-3814-6968
（営業）電話 03-3814-6861／FAX 03-3814-6854
堀内印刷所・松岳社

ISBN978-4-326-15466-1　Printed in Japan

http://www.keisoshobo.co.jp